Inhaltsverzeichnis

Klassenarbeit: Einen Zeitungsbericht schreiben – Rap in der Schule

Name: _____   Datum: _____

Die folgenden Informationen beziehen sich auf eine Schulvorführung, in der Flüchtlingskinder selbst geschriebene Raps vorführten.

Rapper Carlos Utermöhlen
[Foto: Stephen Dietl / Text & Kommunikation, Braunschweig]

A Projekt „Flüchtlingskinder rappen"

– Haupt- und Realschule in Sickte (Niedersachsen), Freitag, 10:15 Uhr: Pausenkonzert von Flüchtlingskindern vor Mitschülern und Eltern in der Pausenhalle
– 17 Schülerinnen und Schüler der Sprachlernklasse zwischen 11 und 16 Jahren rappen eigene Texte
– sie stammen aus dem Iran, Irak, Sudan, Eritrea, Rumänien und Syrien
– Konzert besteht aus selbst geschriebenen Raps zu den Themen „Freunde, Freiheit, Freude"
– die Flüchtlingskinder geben ihre Gedanken und Gefühle wieder
– Konzert ist Ergebnis des einwöchigen Projekts „Rapflektion": Rap = Sprechgesang + Reflektion = Überlegung, Meinung
– 5 Stunden am Tag: Texte schreiben und einüben
– Leiter des Projekts: Rapper Carlos
– zu Beginn des Pausenkonzerts sind die Darsteller sehr nervös
– das Mikro quietscht am Anfang, Paul hält sich die Ohren zu
– der 16-jährige Ahmed Sugal aus Syrien spricht schon gut Deutsch und macht die Ansagen
– er erklärt, wie die Raps entstehen: Schüler schreiben selbst die Texte und stimmen sie auf vorgegebene Beats (Rhythmen) ab, Carlos unterstützt beim Formulieren und Sprechen der Texte
– aus den Lautsprechern erklingt der erste Beat, Amir und Mayla, Geschwister aus Syrien, tragen mit Mikros ihren Text vor, fünf weitere Paare folgen
– zum Schluss rappen alle gemeinsam ein Lied über Freundschaft
– Mitschüler klatschen begeistert und fordern Zugabe
– das Projekt wurde finanziert vom Schulförderverein
– nach dem Konzert hilft die 8c beim Aufräumen

B Äußerungen zum Projekt

Teilnehmer Amir: *„Schade, dass das Projekt zu Ende ist. Ich habe viel gelernt und neue Freunde gefunden."*
Ansager Ahmed Sugal: *„Das Schreiben von Raps hat der ganzen Klasse sehr viel Spaß gemacht."*
Schulleiter Herr Carsten: *„ Wir danken dem Förderverein für die Mittel, ohne die dieses Projekt nicht möglich gewesen wäre."*
Leiterin der Sprachlernklasse Frau Meyer: *„Die Schüler mussten genau sprechen und richtig betonen. Daher war das Projekt eine intensive Auseinandersetzung mit der Sprache."*
Mitschülerin aus dem Publikum: *„Wir haben am Schluss alle im Rhythmus mitgeklatscht."*
Mutter von Mayla: *„Mayla hat auch zu Hause immer weitergerappt."*
Hausmeister Herr Weber: *„ Vielen Dank an die 8c fürs Aufräumen!"*

[Informationen nach dem Artikel „Flüchtlingskinder rappen in der Schule" von Karl-Ernst Hueske, in: Wolfenbütteler Zeitung vom 10. März 2017. Namen verändert.]

Schreibe mithilfe der Notizen und der Äußerungen zum Projekt einen Zeitungsbericht über das Pausenkonzert der Sprachlernklasse.

1 Plane deinen Zeitungsbericht:
  a) Lies die Materialien A und B. Streiche Informationen, die du für unwichtig hältst.
  b) Lege dir einen Schreibplan an und notiere darin, welche Informationen du an welcher Stelle deines Berichts darstellen willst.

Erster Teil ...	- Rapgesang in der großen Pause der Haupt- und Realschule Sickte - Flüchtlingskinder gaben vor Mitschülern ein Pausenkonzert - ...
Zweiter Teil ...	- 17 Mitglieder der Sprachlernklasse präsentierten das Ergebnis eines Projekts mit dem Rapper Carlos - einwöchiges Projekt: 5 Stunden am Tag ... - ... Ablauf der Veranstaltung: - Ahmed Sugal aus Syrien machte die Ansagen - Darsteller zu Beginn ... - ... Reaktionen der Teilnehmer und Zuhörer: - ...

2 **Verfasse** mithilfe deines Schreibplans einen Entwurf des Zeitungsberichts. Ergänze Überschriften, die neugierig machen und knapp darüber informieren, worum es in dem Bericht geht.

3 Überarbeite deinen Entwurf mithilfe der folgenden Fragen:
  – Informieren Über- und Unterüberschrift über das Thema und machen sie neugierig? Stehen sie im Präsens?
  – Werden im ersten Teil die wichtigsten Informationen zusammengefasst?
  – Werden im zweiten Teil ergänzende Informationen in Absätzen gegliedert dargestellt?
  – Ist der Bericht adressatengerecht?
  – Werden Äußerungen in direkter Rede oder indirekter Rede (im Konjunktiv I) wiedergegeben?
  – Ist die Darstellung sachlich und ohne persönliche Wertungen?
  – Wurden die Zeitformen richtig gewählt?
  – Sind Rechtschreibung und Zeichensetzung korrekt?

Klassenarbeit: Einen Zeitungsbericht schreiben – Rap in der Schule

Name: _____   Datum: _____

Die folgenden Informationen beziehen sich auf eine Schulvorführung, in der Flüchtlingskinder selbst geschriebene Raps vorführten.

Rapper Carlos Utermöhlen

[Foto: Stephen Dietl / Text & Kommunikation, Braunschweig]

A Projekt „Flüchtlingskinder rappen"

- Haupt- und Realschule in Sickte (Niedersachsen), Freitag, 10:15 Uhr: Pausenkonzert von Flüchtlingskindern vor Mitschülern und Eltern in der Pausenhalle
- 17 Schülerinnen und Schüler der Sprachlernklasse zwischen 11 und 16 Jahren rappen eigene Texte
- sie stammen aus dem Iran, Irak, Sudan, Eritrea, Rumänien und Syrien
- Konzert besteht aus selbst geschriebenen Raps zu den Themen „Freunde, Freiheit, Freude"
- die Flüchtlingskinder geben ihre Gedanken und Gefühle wieder
- Konzert ist Ergebnis des einwöchigen Projekts „Rapflektion": Rap = Sprechgesang + Reflektion = Überlegung, Meinung
- 5 Stunden am Tag: Texte schreiben und einüben
- Leiter des Projekts: Rapper Carlos
- zu Beginn des Pausenkonzerts sind die Darsteller sehr nervös
- das Mikro quietscht am Anfang, Paul hält sich die Ohren zu
- der 16-jährige Ahmed Sugal aus Syrien spricht schon gut Deutsch und macht die Ansagen
- er erklärt, wie die Raps entstehen: Schüler schreiben selbst die Texte und stimmen sie auf vorgegebene Beats (Rhythmen) ab, Carlos unterstützt beim Formulieren und Sprechen der Texte
- aus den Lautsprechern erklingt der erste Beat, Amir und Mayla, Geschwister aus Syrien, tragen mit Mikros ihren Text vor, fünf weitere Paare folgen
- zum Schluss rappen alle gemeinsam ein Lied über Freundschaft
- Mitschüler klatschen begeistert und fordern Zugabe
- das Projekt wurde finanziert vom Schulförderverein
- nach dem Konzert hilft die 8c beim Aufräumen

B Äußerungen zum Projekt

Teilnehmer Amir: „*Schade, dass das Projekt zu Ende ist. Ich habe viel gelernt und neue Freunde gefunden.*"

Ansager Ahmed Sugal: „*Das Schreiben von Raps hat der ganzen Klasse sehr viel Spaß gemacht.*"

Schulleiter Herr Carsten: „*Wir danken dem Förderverein für die Mittel, ohne die dieses Projekt nicht möglich gewesen wäre.*"

Leiterin der Sprachlernklasse Frau Meyer: „*Die Schüler mussten genau sprechen und richtig betonen. Daher war das Projekt eine intensive Auseinandersetzung mit der Sprache.*"

Mitschülerin aus dem Publikum: „*Wir haben am Schluss alle im Rhythmus mitgeklatscht.*"

Mutter von Mayla: „*Mayla hat auch zu Hause immer weitergerappt.*"

Hausmeister Herr Weber: „*Vielen Dank an die 8c fürs Aufräumen!*"

C Rapper Carlos

der Rap = Sprechgesang; die Betonungen der Wörter werden auf einen vorgegebenen Beat (Rhythmus) abgestimmt. Häufig sind die Texte gereimt.
Carlos Utermöhlen ist selbst Rapper. Er führt Workshops in Schulen und Jugendzentren durch. Wichtig ist für ihn, dass die Jugendlichen Texte zu eigenen Erfahrungen und zu Themen schreiben, die ihnen wichtig sind. Häufig werden die selbst entwickelten Raps in Veranstaltungen vorgetragen oder in einem Tonstudio aufgenommen. Das stärkt das Selbstbewusstsein der Jugendlichen.

[Informationen nach dem Artikel „Flüchtlingskinder rappen in der Schule" von Karl-Ernst Hueske, in: Wolfenbütteler Zeitung vom 10. März 2017. Namen verändert.]

Schreibe mithilfe der Materialien A bis C einen Zeitungsbericht über das Pausenkonzert der Sprachlernklasse.

1 Plane deinen Zeitungsbericht:
- **a)** Lies die Materialien A bis C. Streiche Informationen, die du für unwichtig hältst.
- **b)** Lege dir einen Schreibplan an und notiere darin, welche Informationen du an welcher Stelle deines Berichts darstellen willst.

2 **Verfasse** mithilfe deines Schreibplans einen Entwurf des Zeitungsberichts. Ergänze Überschriften, die neugierig machen und knapp darüber informieren, worum es in dem Bericht geht.

3 Überarbeite deinen Entwurf mithilfe der folgenden Fragen:
- Informieren Über- und Unterüberschrift über das Thema und machen sie neugierig? Stehen sie im Präsens?
- Werden im ersten Teil die wichtigsten Informationen zusammengefasst?
- Werden im zweiten Teil ergänzende Informationen in Absätzen gegliedert dargestellt?
- Ist der Bericht adressatengerecht?
- Werden Äußerungen in direkter Rede oder indirekter Rede (im Konjunktiv I) wiedergegeben?
- Ist die Darstellung sachlich und ohne persönliche Wertungen?
- Wurden die Zeitformen richtig gewählt?
- Sind Rechtschreibung und Zeichensetzung korrekt?

Klassenarbeit: Einen Zeitungsbericht schreiben – Plastiktütenfreie Stadt

Name: _____ Datum: _____

Heute gibt es in Geschäften kaum noch Plastiktüten. Dies ist das Verdienst von Umweltorganisationen. Ein Projekt hieß „Plastiktütenfreies Osnabrück", an der das Ursula-Gymnasium in Osnabrück seit 2014 teilgenommen hat. Große Aufmerksamkeit erregte in der Vorweihnachtszeit 2015 die Aktion „GeBEUTELtes Osnabrück". Was geschah damals?

[Foto: Pentermann-Fotografie, Osnabrück]

A Aktion „GeBEUTELtes Osnabrück im Rahmen des Projekts „Plastiktütenfreies Osnabrück"

– Aktion durchgeführt am Samstag, dem 28.11.2015, von Schülerinnen und Schülern der Klimabotschafter-AG der Ursula-Schule in Osnabrück
– findet auf dem Nikolaiort (zentraler Platz) in Osnabrück statt
– Aktion soll die Bürger auf das Problem des Plastikmülls aufmerksam machen; Ziel: bis 2017 sollen Geschäfte auf Plastiktüten verzichten
– Stand der Schüler am Nikolaiort, eine Schülerin (als Känguru verkleidet) wirbt für die Aktion
– Verteilung von 10.000 Stoffbeuteln mit dem Aufdruck der Aktion (gegen Spende)
– die Stoffbeutel sollen ab sofort Plastiktüten ersetzen
– namhafte Politikerinnen und Politiker werben ebenfalls am Stand für diese Idee
– mehrere Firmen, Geschäfte und Organisationen in Osnabrück sowie das Bistum unterstützen die Aktion
– Höhepunkt: Theateraktion der Schüler um den Weihnachtsbaum am Nikolaiort: Tische mit Gästen, denen statt Essen Plastikmüll serviert wird, Gäste essen mit Appetit, werden krank und „sterben"
– Kellner (auch Schüler) erklärt, dass auch Menschen durch Plastikmüll im Meer gefährdet sind
– gesamte Aktion wird von Fernsehteam aufgenommen, Schüler sind darauf stolz
– Gespräche mit den Passanten über den Sinn der Aktion; als der Regen anfängt, kommt keiner mehr
– es sollen noch weitere Aktionen folgen: Plastiktüten einsammeln, zu festen Einkaufstaschen verarbeiten

B Folgen von Plastikmüll

Plastikmüll schwimmt in großen Teppichen auf dem Meer. Plastik verrottet nicht, sondern zerfällt in ganz kleine Teile und gerät als Mikroplastik in die Nahrungskette (Meerestiere → Fische → Menschen). An Plastikmüll verenden nicht nur viele Meerestiere, auch die Gesundheit der Menschen ist gefährdet.

C Reaktionen

Ältere Frau: *„Ich finde es toll, wie ihr euch dafür einsetzt. Ich habe schon immer einen Stoffbeutel bei mir."*
Jüngerer Mann: *„Eigentlich finde ich die Aktion richtig, aber es ist halt doch angenehm, für seinen Einkauf eine Tüte zu bekommen."*
Verkäufer einer Ladenkette: *„Die Leute sind bequem und erwarten, dass man zu der Ware auch eine Plasiktüte bekommt. Vor allem in der Vorweihnachtszeit nehmen die Kunden gern die schönen, bunten Plastiktüten mit Sternen drauf."*
Besitzer eines Bio-Ladens: *„Ich finde die Aktion gut und werde sie konkret unterstützen. Wir werden keine Plastiktüten mehr ausgeben."*
Ein Bundestagsabgeordneter aus der Region: *„Was die Schüler hier leisten, ist beispielhaft."*

[Informationen nach dem Artikel: „Ein Känguru, 10.000 Beutel und ein ARD-Kamerateam" von Samara Budde, unter: http://www.ursulaschule.de/schulleben/projekte/jugend-denkt-umwelt/item/2400-ein-kaenguru-10-000-beutel-und-ein-ard-kamerateam (24.10.2017). Namen verändert.]

Schreibe mithilfe der Materialien A bis C einen Zeitungsbericht über die Aktion „GeBEUTELtes Osnabrück".

1 Plane deinen Zeitungsbericht:
   a) Lies die Materialien A bis C. Streiche Informationen, die du für unwichtig hältst.
   b) Lege dir einen Schreibplan an und notiere darin, welche Informationen du an welcher Stelle deines Berichts darstellen willst.

Erster Teil ...	- Schüler des Ursula-Gymnasiums führten die Aktion „GeBEUTELtes Osnabrück durch - letztes Novemberwochenende ... - zentraler Platz in Osnabrück - kämpfen für ... - ...
Zweiter Teil ...	Verteilen von 10.000 Stoffbeuteln: - ... Theateraktion: - ... Gründe für diese Aktionen: - ... Reaktionen: - ...

2 **Verfasse** mithilfe deines Schreibplans einen Entwurf des Zeitungsberichts. Ergänze Überschriften, die neugierig machen und knapp darüber informieren, worum es in dem Bericht geht.

3 Überarbeite deinen Entwurf mithilfe der folgenden Fragen:
   – Informieren Über- und Unterüberschrift über das Thema und machen sie neugierig? Stehen sie im Präsens?
   – Werden im ersten Teil die wichtigsten Informationen zusammengefasst?
   – Werden im zweiten Teil ergänzende Informationen in Absätzen gegliedert dargestellt?
   – Ist der Bericht adressatengerecht?
   – Werden Äußerungen in direkter Rede oder indirekter Rede (im Konjunktiv I) wiedergegeben?
   – Ist die Darstellung sachlich und ohne persönliche Wertungen?
   – Wurden die Zeitformen richtig gewählt?
   – Sind Rechtschreibung und Zeichensetzung korrekt?

Klassenarbeit: Einen Zeitungsbericht schreiben – Plastiktütenfreie Stadt

Name: _____ Datum: _____

Heute gibt es in Geschäften kaum noch Plastiktüten. Dies ist das Verdienst von verschiedenen Umweltorganisationen. Ein Projekt hieß „Plastiktütenfreies Osnabrück", an der das Ursula-Gymnasium in Osnabrück seit 2014 teilnahm. Schülerinnen und Schüler dieser Schule organisierten in der Vorweihnachtszeit 2015 die Aktion „GeBEUTELtes Osnabrück". Was geschah damals?

Richard Burkhardt vom Emder Tagesblatt wollte Näheres wissen und sprach in einem Telefoninterview mit zwei Schülern des Ursula-Gymnasiums.

[Foto: Pentermann-Fotografie, Osnabrück]

RB: Hallo Pia und Sven, schön, dass ihr euch für dieses Telefoninterview zur Verfügung stellt. Ihr seid Schüler des Ursula-Gymnasiums. Zunächst meine Frage: Wie ist es zu der Aktion „GeBEUTELtes Osnabrück" gekommen und was habt ihr damit beabsichtigt?

5 **Sven:** An unserer Schule gibt es die Klimabotschafter-AG, die sich schon länger mit Umweltfragen beschäftigt. Wir sind dabei auf das Problem des Plastikmülls gestoßen, wozu ja auch Plastiktüten gehören. Eine Möglichkeit, dieses Problem zu lösen, ist, einfach auf Plastiktüten zu verzichten.

RB: Worin besteht denn das Problem des Plastikmülls?

10 **Pia:** Plastikmüll schwimmt in großen Teppichen auf dem Meer. Plastik verrottet nicht, sondern zerfällt in ganz kleine Teile und gerät als Mikroplastik in die Nahrungskette, d. h., dieses Mikroplastik wird von Meerestieren und von Fischen gefressen und gelangt so auch auf den Teller von Menschen. Und das gefährdet auch unsere Gesundheit. Das habe ich

15 neulich in einer Jugendzeitschrift gelesen.

RB: Ja, das ist eine sehr unappetitliche Sache. Wie habt ihr denn eure Idee umgesetzt?

Sven: Wir haben uns gedacht, dass gerade in der Vorweihnachtszeit viele Menschen Geschenke einkaufen und diese in Plastiktüten nach Hause tragen,

20 vor allem in schön bunten Tüten, die gibt es ja oft vor Weihnachten. Daher haben wir am Samstag, dem 28. November 2015, die Aktion „GeBEUTELtes Osnabrück" gestartet.

Pia: Wir haben 10.000 Stoffbeutel mit dem Namen der Aktion bedrucken lassen und auf dem Nikolaiort, einem zentralen Platz in Osnabrück, einen

25 Stand aufgebaut. Dort haben wir die Beutel gegen eine Spende verschenkt mit der Bitte, ab jetzt die Beutel anstatt Plastiktüten zu verwenden. Es waren auch Politiker anwesend, die wir vorher angesprochen hatten. Sie haben ebenfalls die Stoffbeutel verteilt.

Sven: Pia hatte sich ein auffälliges Känguru-Kostüm besorgt und hat damit

30 die Leute auf unsere Aktion aufmerksam gemacht.

RB: Wie haben die Leute denn auf diese Aktion reagiert?

Pia: Also, die meisten fanden die Idee gut. Eine ältere Frau hat gesagt: „Ich finde es toll, wie ihr euch dafür einsetzt. Ich habe schon immer einen Stoffbeutel bei mir." Es gab auch Leute, die sagten, dass es doch angenehm

35 sei, nach dem Einkauf eine Plastiktüte zu bekommen. Einige Ladenbesitzer befürchteten, dass die Kunden Plastiktüten erwarten, andere überzeugte unsere Idee, sie werden keine Plastiktüten mehr ausgeben.

Sven: Im Radio hat sogar ein Bundestagsabgeordneter gesagt: „Was die Schüler hier leisten, ist beispielhaft." Das fanden wir richtig gut.

40 **RB:** Und dann fand ja auch noch eine aufregende Theateraktion statt!

Pia: Ja, wir haben unter dem großen Tannenbaum auf dem Nikolaiort Tische und Stühle wie in einem Restaurant aufgebaut. Einige Mitschüler waren die „Gäste" und bekamen Plastikessen serviert. Da ihnen das nicht gut bekommen ist, haben sie so getan, als würden sie sterben. Die Bedienung,

45 auch ein Schüler von uns, hat dann den Zuschauern erklärt, dass auch unser tägliches Essen durch den Plastikmüll gefährdet ist. Diese Aktion wurde auch vom Fernsehen aufgenommen. Blöd war nur, dass es irgendwann anfing zu regnen.

RB: Für so eine Aktion braucht man einen langen Atem. Wer unterstützt

50 euch denn?

Sven: Es gibt verschiedene Firmen und Geschäfte, die unsere Idee gut finden und uns helfen. Auch das Bistum unterstützt uns.

RB: Wie geht es nun weiter?

Pia: Also, bis 2017 ist es ja nicht mehr lang. Bis dahin wollen wir erreicht

55 haben, dass alle Geschäfte in Osnabrück auf Plastiktüten verzichten. Daher planen wir weitere Aktionen. Eine Aktion wird sein, dass wir mit allen Schülern Plastiktüten sammeln, die wir an eine Firma liefern, die aus diesen Tüten neue feste Einkaufstaschen macht.

[Informationen nach dem Artikel: „Ein Känguru, 10.000 Beutel und ein ARD-Kamerateam" von Samara Budde, unter: http://www.ursulaschule.de/schulleben/projekte/jugend-denkt-umwelt/item/2400-ein-kaenguru-10-000-beutel-und-ein-ard-kamerateam (24.10.2017). Namen verändert.]

Schreibe mithilfe des Interviews einen Zeitungsbericht über die Aktion „GeBEUTELtes Osnabrück".

1 Plane deinen Zeitungsbericht:
   a) Lies das Interview und streiche Informationen, die du für unwichtig hältst. Die Randspalte kannst du für Notizen nutzen.
   b) Lege dir einen Schreibplan an und notiere darin, welche Informationen du an welcher Stelle deines Berichts darstellen willst.

2 **Verfasse** mithilfe deines Schreibplans einen Entwurf des Zeitungsberichts. Ergänze Überschriften, die neugierig machen und knapp darüber informieren, worum es in dem Bericht geht.

3 Überarbeite deinen Entwurf mithilfe der dir bekannten **CHECKLISTE**.

Klassenarbeit: Einen Zeitungsbericht schreiben – Wetterballon

Name: _____ Datum: _____

Du hast in der Schule den Aufstieg eines Wetterballons als Zuschauer miterlebt, dich bei den Mitgliedern der MINT-AG informiert und folgende Notizen gemacht:

A Projekt „Himmelsstürmer"

- Projekt der MINT-AG an der Gesamtschule Waldstraße in Bielefeld (MINT = Mathematik – Informatik – Naturwissenschaften – Technik)
- 4 Schülerinnen und 9 Schüler der Klassen 8–10 nehmen seit Januar teil
- Ziel: Steigenlassen eines Wetterballons, Sammeln von Fotos, Messen von Luftdruck und Temperatur

Vorbereitung:
- Luftschichten unserer Erde, Temperatur- und Druckunterschiede erarbeiten
- Schreiben an Sponsoren (Geldgeber), um die Kosten von ca. 500 € abzudecken
- Schreiben an Deutsche Flugsicherung: Absprache des Termins und Genehmigung
- Bauen der Sonde (Kasten aus Styropor) nach Anleitung: Kamera und Messgeräte (Temperatur, Luftdruck) sowie Geräte zur Speicherung der Daten und GPS-Tracker (sendet Ortsangaben) einbauen

Durchführung am 15. Juni:
- 8:00 Uhr: Vorbereitungen für den Start (Wetterbericht auswerten, Landung des Ballons berechnen), Aufbau und Überprüfung aller Teile
- 9:45 Uhr: Befüllen des Ballons (Durchmesser 2 m) mit Heliumgas, Fallschirm und Sonde anhängen
- 10:00 Uhr: Start: Ballon zieht direkt nach oben, die Zuschauer auf dem Platz jubeln lautstark, nach 5 Minuten Ballon in den Wolken
- ca. drei Stunden später gibt der GPS-Tracker die genauen Daten der Landung an: 120 km nordöstlich der Schule, ganz schön weit weg!
- die Schüler, Lehrerin (Frau Bram) und einige Eltern der AG-Mitglieder fahren mit Autos zum Ort der Landung, sie finden geplatzten Ballon und Sonde auf einem Feld (Ballon platzt in einer Höhe von 20–30 km)
- Kamera und Instrumente sind heil
- scharfe Bilder vom Aufstieg; Fotos, die über den Wolken aufgenommen wurden, zeigen deutlich die Erdkrümmung (sehr beeindruckend!)
- Ausstellung der Bilder und der Ergebnisse in der Pausenhalle geplant, wird bestimmt super

[Foto: Stratoflights GbR, Blomberg]

B Äußerungen zum Projekt

Schulleiter Herr Behrens:
„Das war ein tolles Projekt, von dem nicht nur die AG-Schüler profitiert haben."
AG-Leiterin Frau Bram:
„Ziel des Projekts ist es, die Schülerinnen und Schüler für naturwissenschaftliche Untersuchungen zu begeistern."
Schülerstimmen auf dem Schulhof:
- Sonja, 7. Klasse: *„Ich fand das echt spannend."*
- Ali, 9. Klasse: *„Ich hätte einen bunten Ballon schöner gefunden als einen einfarbigen. "*
- Ben, 8. Klasse: *„Ich bin auf die Fotos gespannt!"*
- Nele, 7. Klasse: *„Wird diese AG im nächsten Jahr wieder angeboten? Ich möchte mich schon jetzt anmelden."*

Schreibe mithilfe der Notizen und der Äußerungen zum Projekt einen Zeitungsbericht über das Projekt „Himmelsstürmer", der in der Lokalzeitung erscheinen soll.

1 Plane deinen Zeitungsbericht:
    a) Lies die Materialien A und B. Streiche Informationen, die du für unwichtig hältst.
    b) Lege dir einen Schreibplan an und notiere darin, welche Informationen du an welcher Stelle deines Berichts darstellen willst.

Erster Teil ...	- Start eines Wetterballons von der MINT-AG auf dem Schulhof der Gesamtschule Waldstraße - Wetterballon lieferte Fotos und Daten zu Luftdruck und Temperaturen in unterschiedlichen Höhen - ...
Zweiter Teil ...	- MINT-AG besteht aus 4 Schülerinnen und 9 Schülern der Klassen 8-10 - Beginn des Projekts am Anfang des Jahres viele Vorbereitungen notwendig: - ... Tag der Durchführung: - am Starttermin trafen die Mitglieder um 8.00 Uhr alle Vorbereitungen - Termin des Starts um 10.00 Uhr - ... - Landung in ca. 120 km Entfernung - Wetterballon stieg 20 bis 30 km hoch und platzte dort - ... Reaktionen: - ...

2 **Verfasse** mithilfe deines Schreibplans einen Entwurf des Zeitungsberichts. Ergänze Überschriften, die neugierig machen und knapp darüber informieren, worum es in dem Bericht geht.

3 Überarbeite deinen Entwurf mithilfe der folgenden Fragen:
   – Informieren Über- und Unterüberschrift über das Thema und machen sie neugierig? Stehen sie im Präsens?
   – Werden im ersten Teil die wichtigsten Informationen zusammengefasst?
   – Werden im zweiten Teil ergänzende Informationen in Absätzen gegliedert dargestellt?
   – Ist der Bericht adressatengerecht?
   – Werden Äußerungen in direkter Rede oder indirekter Rede (im Konjunktiv I) wiedergegeben?
   – Ist die Darstellung sachlich und ohne persönliche Wertungen?
   – Wurden die Zeitformen richtig gewählt?
   – Sind Rechtschreibung und Zeichensetzung korrekt?

Klassenarbeit: Einen Zeitungsbericht schreiben – Wetterballon

Name: _____   Datum: _____

Du hast in der Schule den Aufstieg eines Wetterballons als Zuschauer miterlebt, dich bei den Mitgliedern der MINT-AG informiert und folgende Notizen gemacht:

[Foto: Stratoflights GbR, Blomberg]

A Projekt „Himmelsstürmer"

– Projekt der MINT-AG an der Gesamtschule Waldstraße in Bielefeld (MINT = Mathematik –
  Informatik – Naturwissenschaften – Technik)
– 4 Schülerinnen und 9 Schüler der Klassen 8–10 nehmen seit Januar teil
– Ziel: Steigenlassen eines Wetterballons, Sammeln von Fotos, Messen von Luftdruck und
  Temperatur

Vorbereitung:
– Luftschichten unserer Erde, Temperatur- und Druckunterschiede erarbeiten
– Schreiben an Sponsoren, um die Kosten von ca. 500 € abzudecken
– Schreiben an Deutsche Flugsicherung: Absprache des Termins und Genehmigung
– Bauen der Sonde nach Anleitung: Einbau einer Kamera und von Messgeräten (Temperatur, Luft-
  druck) sowie von Geräten zur Speicherung der Daten

Durchführung am 15. Juni:
– 8:00 Uhr: Vorbereitungen für den Start (Wetterbericht auswerten, Landung des Ballons
  berechnen), Aufbau und Überprüfung aller Teile
– 9:45 Uhr: Befüllen des Ballons mit Helium, Anhängen von Fallschirm und Sonde
– 10:00 Uhr: Start: Ballon zieht direkt nach oben, die Zuschauer auf dem Platz jubeln lautstark,
  nach 5 Minuten Ballon in den Wolken
– ca. drei Stunden später gibt der GPS-Tracker die genauen Daten der Landung an: 120 km
  nordöstlich der Schule, ganz schön weit weg!
– die Schüler, Lehrerin (Frau Bram) und einige Eltern der AG-Mitglieder fahren mit Autos zum Ort
  der Landung, sie finden Ballon und Sonde auf einem Feld
– Kamera und Instrumente sind heil
– scharfe Bilder vom Aufstieg; Fotos, die über den Wolken aufgenommen wurden, zeigen deutlich
  die Erdkrümmung (sehr beeindruckend!)
– Ausstellung der Bilder und der Ergebnisse in der Pausenhalle geplant, wird bestimmt super

© Westermann Gruppe

B Technische Angaben	**C Äußerungen zum Projekt**
– Größe Wetterballon: 2 m Durchmesser – wird mit Heliumgas gefüllt, das leichter als Luft ist, Ballon steigt 5 m pro Sekunde – mit zunehmender Höhe wird die Luft dünner, der Ballon weitet sich aus, bis er in einer Höhe von 20–30 km platzt – am Ballon hängen ein Fallschirm und darunter eine Sonde (Kasten aus Styropor) – Sonde enthält: Kamera, Batterien, GPS-Tracker (sendet Ortsangaben an Smartphone), Temperatur- und Luftdruckmesser … – Aufstieg eines Wetterballons muss bei der Deutschen Flugsicherung angemeldet werden – Ballon soll bunt sein: sieht besser aus	**Schulleiter Herr Behrens:** *„Das war ein tolles Projekt, von dem nicht nur die AG-Schüler profitiert haben.“* **AG-Leiterin Frau Bram:** *„Ziel des Projekts ist es, die Schülerinnen und Schüler für naturwissenschaftliche Untersuchungen zu begeistern.“* **Schülerstimmen auf dem Schulhof:** – Sonja, 7. Klasse: *„Ich fand das echt spannend.“* – Ali, 9. Klasse: *„Hoffentlich finden sie den Ballon und die Sonde wieder!“* – Ben, 8. Klasse: *„Ich bin auf die Fotos gespannt!“* – Nele, 7. Klasse: *„Wird diese AG im nächsten Jahr wieder angeboten? Ich möchte mich schon jetzt anmelden.“*

Schreibe mithilfe der Materialien A bis C einen Zeitungsbericht über das Projekt „Himmelsstürmer", der in der Lokalzeitung erscheinen soll.

1 Plane deinen Zeitungsbericht:
  a) Lies die Materialien A bis C. Streiche Informationen, die du für unwichtig hältst.
  b) Lege dir einen Schreibplan an und notiere darin, welche Informationen du an welcher Stelle deines Berichts darstellen willst.

2 **Verfasse** mithilfe deines Schreibplans einen Entwurf des Zeitungsberichts. Ergänze Überschriften, die neugierig machen und knapp darüber informieren, worum es in dem Bericht geht.

3 Überarbeite deinen Entwurf mithilfe der folgenden Fragen:
  – Informieren Über- und Unterüberschrift über das Thema und machen sie neugierig? Stehen sie im Präsens?
  – Werden im ersten Teil die wichtigsten Informationen zusammengefasst?
  – Werden im zweiten Teil ergänzende Informationen in Absätzen gegliedert dargestellt?
  – Ist der Bericht adressatengerecht?
  – Werden Äußerungen in direkter Rede oder indirekter Rede (im Konjunktiv I) wiedergegeben?
  – Ist die Darstellung sachlich und ohne persönliche Wertungen?
  – Wurden die Zeitformen richtig gewählt?
  – Sind Rechtschreibung und Zeichensetzung korrekt?

Einen Zeitungsbericht schreiben – das konntest du

Name: _____   Datum: _____

Inhaltsleistung		
Aufgabe	**Leistung**	**Niveau** A ☐ B ☐ **Punkte**
1 a) + b)	Du hast den Bericht **geplant**, indem du – **unwichtige Informationen** in dem Material / in den Materialien **gestrichen hast,** – einen **Schreibplan** angelegt und stichpunktartig **ausgefüllt** hast.	
2	Du hast den **Zeitungsbericht geschrieben** und dabei … – **neugierig machende** und **informierende Überschriften** verwendet, – im **1. Teil** die **wichtigsten W-Fragen** (Was? Wann? Wo? Wer?) beantwortet, – im **2. Teil zusätzliche Angaben zum 1. Teil** gemacht und Antworten auf **weitere W-Fragen** (Wie? Warum? Welche Folgen? Welche Reaktionen?) gegeben.	
3	Du hast deinen **Bericht überarbeitet.**	
	Summe Inhaltsleistung:	

Darstellungsleistung		
Aufgabe	**Leistung**	**Punkte**
2 + 3	Du hast den Zeitungsbericht **sachlich formuliert** und persönliche Wertungen vermieden.	
	Du hast **unterschiedliche Informationen** durch **Absätze** getrennt.	
	Du hast **adressatengerecht geschrieben**, d. h. Umgangssprache vermieden, **unbekannte Begriffe erklärt** und die Funktion von Personen durch **Appositionen** erläutert.	
	Du hast die Zeitformen richtig verwendet: **Präsens** für die Überschrift und für allgemeingültige Aussagen, **Präteritum**, wenn du über Vergangenes berichtest, **Plusquamperfekt** bei Vorzeitigkeit.	
	Du hast Äußerungen von Personen in **direkter oder indirekter Rede (Konjunktiv I)** wiedergegeben.	
	Du hast dich sprachlich richtig ausgedrückt: **Rechtschreibung, Zeichensetzung** und **Grammatik.**	
	Summe Darstellungsleistung:	

Insgesamt hast du _____ von _____ möglichen Punkten erreicht.

Das ergibt die Note: _____

Klassenarbeit: Einen Audioführertext zu einem Bild schreiben

Name: _____   Datum: _____

der Hut mit Krempe

der Heizofen

[Foto: Bridgeman Images, Berlin (Edward Hopper: Automat, 1927; oil on canvas)]

Infotafel
- Maler: Edward Hopper
- „Automat" (1927)
- Ort: Automatenrestaurant (= ein Selbstbedienungsrestaurant mit Sitzplätzen, in dem alle Speisen und Getränke in Verkaufsautomaten bereitgestellt werden. Die Gäste haben keinen Kontakt zum Servicepersonal, da sie sich an den Automaten selbst bedienen und bezahlen, indem sie Münzen in den Automaten stecken.)

Verfasse zu diesem Bild Edward Hoppers einen Audioführertext, der sich an Jugendliche wendet. Du sollst darin über das Bild informieren, aber auch bei deinen Zuhörern Interesse wecken und es wachhalten, sodass sie bis zum Ende zuhören.
a) Formuliere eine Einführung, in der du den Titel des Bildes, den Maler, das Entstehungsjahr sowie den Schauplatz des Gemäldes **nennst**.
b) **Beschreibe** genau, was du auf dem Gemälde siehst (Eyecatcher, Aussehen der Person: Kleidung, Umgebung).
c) **Beschreibe** die Körperhaltung der Frau und **erläutere**, was sie deiner Meinung nach ausdrückt.
   Wenn dir eine Abbildung in Farbe vorliegt: Berücksichtige dabei auch die Farben des Bildes und **deute** sie.
d) **Schlussfolgere**, wie das Bild auf dich wirkt: Entscheide dich, welches der folgenden Adjektive am besten zur Wirkung passt, und **begründe** deine Entscheidung:
   erwartungsvoll – gelangweilt – traurig.

1 Plane deinen Audioführertext, indem du den Schreibplan ausfüllst.

Einführung (Infotafel):	
- Titel des Bildes	
- Name des Malers	
- Entstehungsjahr	
- Schauplatz/Ort	
Bildbeschreibung: **Was sehe ich?**	
- Eyecatcher	
- Aussehen der Person	Frau:
- Umgebung	in einem Restaurant, runder Tisch ...
Wirkung: **Wie wirkt das Bild auf mich?**	
- Körperhaltung der Frau und deren Deutung	sieht aus, als ob sie ...
wenn Abbildung in Farbe: - Farben und deren Deutung	
- Wirkung und Begründung	

2 **Verfasse** mithilfe des Schreibplans einen Textentwurf.
So kannst du beginnen:
Nun steht ihr vor dem Bild ... Edward Hopper hat es im Jahr ... gemalt. Ihr könnt darauf erkennen, dass Hopper als Schauplatz ein ... abgebildet hat.
Auf dem Bild fällt euch sicher als Erstes ... auf.
Das Bild wirkt auf mich ..., denn ...

3 Überprüfe deinen Audioführertext mithilfe der folgenden Fragen:
— Hast du alle Teilaufgaben vollständig bearbeitet?
— Hast du anschaulich und lebendig geschrieben?
— Hast du deine Adressaten direkt angesprochen?
— Hast du im Präsens geschrieben?
— Sind Rechtschreibung und Zeichensetzung korrekt?

Klassenarbeit: Einen Audioführertext zu einem Bild schreiben

Name: _____ Datum: _____

[Foto: Bridgeman Images, Berlin (Edward Hopper: Automat, 1927; oil on canvas)]

Infotafel

– Maler: Edward Hopper
– „Automat" (1927)
– Ort: Automatenrestaurant (= ein Selbstbedienungsrestaurant mit Sitzplätzen, in dem alle Speisen und Getränke in Verkaufsautomaten bereitgestellt werden. Die Gäste haben keinen Kontakt zum Servicepersonal, da sie sich an den Automaten selbst bedienen und bezahlen, indem sie Münzen in den Automaten stecken.)

Verfasse zu diesem Bild Edward Hoppers einen Audioführertext, der sich an Jugendliche wendet. Du sollst darin über das Bild informieren, aber auch bei deinen Zuhörern Interesse wecken und es wachhalten, sodass sie bis zum Ende zuhören.
a) Formuliere eine Einführung, in der du den Titel des Bildes, den Maler, das Entstehungsjahr sowie den Schauplatz des Gemäldes **nennst.**
b) **Beschreibe** genau, was du auf dem Gemälde siehst (Eyecatcher, Aussehen der Person: Kleidung, Gegenstände, Umgebung).
c) **Beschreibe** die Körperhaltung der Frau und **erläutere,** was sie deiner Meinung nach ausdrückt.
d) *Wenn dir eine Abbildung in Farbe vorliegt:* **Deute** die verwendeten Farben in Bezug auf die Tageszeit.
e) **Schlussfolgere,** wie das Bild auf dich wirkt, und **begründe** deine Meinung.

1　Plane deinen Audioführertext:
Lege dir einen Schreibplan an und trage darin Stichpunkte zu den Teilaufgaben a) bis e) ein.

2　**Verfasse** mithilfe des Schreibplans einen Textentwurf.

3　Überprüfe deinen Audioführertext, indem du kontrollierst, ob du Aufgabe 2 vollständig bearbeitet hast. Überprüfe auch, ob du deine Adressaten berücksichtigt hast und ob sprachlich alles richtig ist.

© Westermann Gruppe

Klassenarbeit: Einen Audioführertext zu einem Bild schreiben

Name: _____   Datum: _____

der Hinter-
grund

das Profil

der Wasser-
turm

die Häuser-
front

[Foto: Artothek, Weilheim (Ohio, Columbus Museum of Art. Museum Purchase, Howald Fund, 1954.031)]

Infotafel

– Maler: Edward Hopper
– „Morgensonne" (1952)
– Ort: Zimmer im Obergeschoss eines Hauses in den USA

Verfasse zu diesem Bild Edward Hoppers einen Audioführertext, der sich an Jugendliche
wendet. Du sollst darin über das Bild informieren, aber auch bei deinen Zuhörern Interesse
wecken und es wachhalten, sodass sie bis zum Ende zuhören.

a) Formuliere eine Einführung, in der du den Titel des Bildes, den Maler, das Entstehungsjahr
sowie den Schauplatz des Gemäldes **nennst**.

b) **Beschreibe** genau, was du auf dem Gemälde siehst (Eyecatcher, Aussehen der Person:
Kleidung, Umgebung).

c) **Beschreibe** die Körperhaltung der Frau und **erläutere**, was sie deiner Meinung nach
ausdrückt.
Wenn dir eine Abbildung in Farbe vorliegt: Berücksichtige dabei auch die Farben des Bildes
und **deute** sie.

d) **Schlussfolgere**, wie das Bild auf dich wirkt: Entscheide dich, welches der folgenden
Adjektive am besten zur Wirkung passt, und **begründe** deine Entscheidung:
erwartungsvoll – gelangweilt – traurig.

1 Plane deinen Audioführertext, indem du den Schreibplan ausfüllst.

Einführung (Infotafel):	
- Titel des Bildes	
- Name des Malers	
- Entstehungsjahr	
- Schauplatz/Ort	
Bildbeschreibung: **Was sehe ich?** - Eyecatcher	
- Aussehen der Person	Frau:
- Umgebung	in einem Zimmer im Obergeschoss eines Hauses ...
Wirkung: **Wie wirkt das Bild auf mich?** - Körperhaltung der Frau und deren Deutung	sieht aus, als ob sie ...
wenn Abbildung in Farbe: - Farben und deren Deutung	
- Wirkung und Begründung	

2 **Verfasse** mithilfe des Schreibplans einen Textentwurf.
So kannst du beginnen:
Nun steht ihr vor dem Bild ... Edward Hopper hat es im Jahr ... gemalt. Ihr könnt darauf erkennen, dass Hopper als Schauplatz ein ... abgebildet hat.
Auf dem Bild fällt euch sicher als Erstes ... ins Auge.
Das Bild wirkt auf mich ..., denn ...

3 Überprüfe deinen Audioführertext mithilfe der folgenden Fragen:
 – Hast du alle Teilaufgaben vollständig bearbeitet?
 – Hast du anschaulich und lebendig geschrieben?
 – Hast du deine Adressaten direkt angesprochen?
 – Hast du im Präsens geschrieben?
 – Sind Rechtschreibung und Zeichensetzung korrekt?

Klassenarbeit: Einen Audioführertext zu einem Bild schreiben

Name: _____ Datum: _____

[Foto: Artothek, Weilheim (Ohio, Columbus Museum of Art. Museum Purchase, Howald Fund, 1954.031)]

Infotafel
- Maler: Edward Hopper
- „Morgensonne" (1952)
- Ort: Zimmer im Obergeschoss eines Hauses in den USA

Verfasse zu diesem Bild Edward Hoppers einen Audioführertext, der sich an Jugendliche wendet. Du sollst darin über das Bild informieren, aber auch bei deinen Zuhörern Interesse wecken und es wachhalten, sodass sie bis zum Ende zuhören.

a) Formuliere eine Einführung, in der du den Titel des Bildes, den Maler, das Entstehungsjahr sowie den Schauplatz des Gemäldes **nennst.**

b) **Beschreibe** genau, was du auf dem Gemälde siehst (Eyecatcher, Aussehen der Person: Kleidung, Gegenstände, Umgebung).

c) **Beschreibe** die Körperhaltung der Frau und **erläutere,** was sie deiner Meinung nach ausdrückt.

d) *Wenn dir eine Abbildung in Farbe vorliegt:* **Deute** die verwendeten Farben in Bezug auf die Tageszeit.

e) **Schlussfolgere,** wie das Bild auf dich wirkt, und **begründe** deine Meinung.

---

1 Plane deinen Audioführertext:
Lege dir einen Schreibplan an und trage darin Stichpunkte zu den Teilaufgaben **a)** bis **e)** ein.

2 **Verfasse** mithilfe des Schreibplans einen Textentwurf.

3 Überprüfe deinen Audioführertext, indem du kontrollierst, ob du Aufgabe **2** vollständig bearbeitet hast. Überprüfe auch, ob du deine Adressaten berücksichtigt hast und ob sprachlich alles richtig ist.

Klassenarbeit: Einen Audioführertext zu einem Bild schreiben

Name: _____ Datum: _____

der Hinter-
grund

das Motel-
zimmer

der Lampen-
schirm

das Maha-
gonibett

[Foto: Getty Images, München (Edward Hopper: Western Motel 1957, Yale University Art Gallery, New Haven)]

Infotafel
– Maler: Edward Hopper
– „Western Motel" (1952)
– Ort: Zimmer in einem Motel (= ein Gästehaus mit direkter Parkmöglichkeit, das meist an einer
  Autobahn liegt)

Verfasse zu diesem Bild Edward Hoppers einen Audioführertext, der sich an Jugendliche
wendet. Du sollst darin über das Bild informieren, aber auch bei deinen Zuhörern Interesse
wecken und es wachhalten, sodass sie bis zum Ende zuhören.
a) Formuliere eine Einführung, in der du den Titel des Bildes, den Maler, das Entstehungsjahr
   sowie den Schauplatz des Gemäldes **nennst**.
b) **Beschreibe** genau, was du auf dem Gemälde siehst (Eyecatcher, Aussehen der Person:
   Kleidung, Gegenstände, Umgebung).
c) **Beschreibe** die Körperhaltung der Frau und **erläutere**, was sie deiner Meinung nach
   ausdrückt.
   Wenn dir eine Abbildung in Farbe vorliegt: Berücksichtige dabei auch die Farben des Bildes
   und **deute** sie.
d) **Schlussfolgere**, wie das Bild auf dich wirkt: Entscheide dich, welches der folgenden
   Adjektive am besten zur Wirkung passt, und **begründe** deine Entscheidung:
   hochmütig – gelangweilt – einsam.

1 Plane deinen Audioführertext, indem du den Schreibplan ausfüllst.

Einführung (Infotafel):	
- Titel des Bildes	
- Name des Malers	
- Entstehungsjahr	
- Schauplatz/Ort	
Bildbeschreibung: **Was sehe ich?**	
- Eyecatcher	
- Aussehen der Person	Frau:
- Gegenstände	
- Umgebung	in einem Motelzimmer direkt an einer Straße ...
Wirkung: **Wie wirkt das Bild auf mich?**	
- Körperhaltung der Frau und deren Deutung	sieht aus, als ob sie ...
wenn Abbildung in Farbe: - Farben und deren Deutung	
- Wirkung und Begründung	

2 **Verfasse** mithilfe des Schreibplans einen Textentwurf. So kannst du beginnen:
Nun steht ihr vor dem Bild ... Edward Hopper hat es im Jahr ... gemalt. Ihr könnt darauf
erkennen, dass Hopper als Schauplatz ein ... abgebildet hat.
Auf dem Bild fällt euch sicher als Erstes ... ins Auge.
Das Bild wirkt auf mich ..., denn ...

3 Überprüfe deinen Audioführertext mithilfe der folgenden Fragen:
   – Hast du alle Teilaufgaben vollständig bearbeitet?
   – Hast du anschaulich und lebendig geschrieben?
   – Hast du deine Adressaten direkt angesprochen?
   – Hast du im Präsens geschrieben?
   – Sind Rechtschreibung und Zeichensetzung korrekt?

Klassenarbeit: Einen Audioführertext zu einem Bild schreiben

Name: _____ Datum: _____

[Foto: Picutre-Alliance GmbH, Frankfurt/M. (Edward Hopper: Second Story Sunlight, 1960 Öl auf Leinwand, Whitney Museum of American Art, New York)]

Infotafel

– Maler: Edward Hopper
– „Sonnenlicht im 1. Stock" (1960)
– Ort: Balkon einer Villa

Verfasse zu diesem Bild Edward Hoppers einen Audioführertext, der sich an Jugendliche wendet. Du sollst darin über das Bild informieren, aber auch bei deinen Zuhörern Interesse wecken und es wachhalten, sodass sie bis zum Ende zuhören.

a) Formuliere eine Einführung, in der du den Titel des Bildes, den Maler, das Entstehungsjahr sowie den Schauplatz des Gemäldes **nennst.**

b) Beschreibe genau, was du auf dem Gemälde siehst (Eyecatcher, Aussehen der Personen: Körperhaltung / Kleidung, Gebäude, Gegenstände, Umgebung).

c) Erläutere die Beziehung der Personen zueinander.

d) *Wenn dir eine Abbildung in Farbe vorliegt:* **Deute** die verwendeten Farben in Bezug auf die Tageszeit.

e) Schlussfolgere, wie das Bild auf dich wirkt, und **begründe** deine Meinung.

1 Plane deinen Audioführertext:
Lege dir einen Schreibplan an und trage darin Stichpunkte zu den Teilaufgaben **a)** bis **e)** ein.

2 Verfasse mithilfe des Schreibplans einen Textentwurf.

3 Überprüfe deinen Audioführertext, indem du kontrollierst, ob du Aufgabe **2** vollständig bearbeitet hast. Überprüfe auch, ob du deine Adressaten berücksichtigt hast und ob sprachlich alles richtig ist.

Einen Audioführertext zu einem Bild schreiben – das konntest du

Name: _____   Datum: _____

Inhaltsleistung		
Aufgabe	**Leistung**	**Niveau** A ☐ B ☐ **Punkte**
1	Du hast deinen Audioführertext **geplant** und dazu einen **Schreibplan** erstellt. Darin hast du die Informationen der Infotafel notiert (Einführung), das Bild und die Wirkung stichpunktartig beschrieben.	

2	Du hast deinen Audioführertext **geschrieben**.
	Er erfüllt nun folgende Kriterien. Du hast …
	– in der **Einführung** die Informationen aus der Infotafel aufgeführt:
	   – Titel des Bildes,
	   – Name des Malers,
	   – Entstehungsjahr,
	   – Schauplatz / Ort;
	– das **Bild beschrieben**:
	   – Eyecatcher,
	   – Aussehen der Person / der Personen,
	   – Gebäude,
	   – erkennbare Gegenstände,
	   – Umgebung;
	– *Niveau A:* die **Körperhaltung der Person** beschrieben und erläutert;
	– *Niveau B:* die **Körperhaltung der Person** beschrieben und erläutert *oder* die **Beziehung der Personen** erläutert;
	– *wenn dir eine Abbildung in Farbe vorliegt*: die verwendeten **Farben** gedeutet;
	– die **Wirkung** des Bildes **beschrieben** und **begründet**.	

	Summe Inhaltsleistung:	

Darstellungsleistung		
Aufgabe	**Leistung**	**Punkte**
2 + 3	Du hast **anschaulich** und **lebendig** geschrieben und dazu **treffende** und **abwechslungsreiche Verben** und **Adjektive** verwendet.	
	Du hast deine **Adressaten** direkt und angemessen angesprochen.	
	Du hast im **Präsens** geschrieben.	
	Du hast dich sprachlich richtig ausgedrückt: **Rechtschreibung**, **Zeichensetzung**, **Grammatik**.	
	Summe Darstellungsleistung:	

Insgesamt hast du _____ von _____ möglichen Punkten erreicht.

Das ergibt die Note: _____

Klassenarbeit: Einen argumentativen Brief verfassen – Klassenräume

Name: _____ Datum: _____

Die Schülervertretung (SV) möchte die Einnahmen aus dem Sponsorenlauf zur Neugestaltung der Klassenzimmer nutzen. Die Wände sollen gestrichen und neue Vorhänge angebracht werden. Nun sollst du den Schulleiter in einem Brief von diesem Vorschlag überzeugen. Dazu hat die SV folgende Aspekte für ihr Anliegen sowie mögliche Einwände des Schulleiters gesammelt:

Aspekteliste für die Neugestaltung der Klassenzimmer:
- Schüler fühlen sich im neuen Raum wohler.   O
- Schüler, Lehrer und Eltern können zusammenarbeiten.   OO
- Schüler übernehmen Verantwortung für den eigenen Raum.
- Kreativität wird gefördert.
- Organisatorische Kompetenz wird gefördert.
- ...

Mögliche Einwände des Schulleiters:
- Klassenräume können wechseln.
- Geschmack ist unterschiedlich.
- Der Zeitaufwand ist zu groß.
- ...

1 Plane den Brief an den Schulleiter, indem du eine Tabelle wie auf der nächsten Seite als Schreibplan anlegst. Gehe so vor:
   a) Notiere in der Tabelle, an wen du schreibst, was dein Anlass ist und welche Meinung du vertrittst.
   b) Ergänze in den Stichwortlisten weitere Aspekte und einen möglichen Einwand des Adressaten.
   c) Verteile Überzeugungspunkte und wähle drei Aspekte aus, mit denen du den Schulleiter überzeugen möchtest. Entfalte sie stichwortartig im Schreibplan.
   d) Wähle einen möglichen Einwand aus und entkräfte ihn stichwortartig im Schreibplan.
   e) Wiederhole dein Anliegen und bitte um Unterstützung.

Schreibplan:

1. Adressat	Schulleiter
2. Anlass	Sponsorenlauf des 8er-Jahrgangs
3. Anliegen / Meinung	Klassenräume renovieren
4. Argumente	...
5. ...	...
...	...

2 **Verfasse** mithilfe deiner Vorarbeit den Brief. Gliedere ihn in Einleitung, Hauptteil und Schluss. So kannst du beginnen:

Sehr geehrter Herr ...,   Lüdenscheid, 27.05.20..
wir, die Mitglieder der Schülervertretung, haben darüber diskutiert, ob es sinnvoll wäre, ...
Wir würden Ihnen gerne mitteilen, was das Ergebnis dieser Diskussion ist.
Wir sind der Meinung, dass ...

3 **a)** Überarbeite deinen Brief mithilfe der folgenden Fragen:
  – Hast du alle Punkte deines Schreibplanes berücksichtigt?
  – Hast du den Brief richtig gegliedert?
    – Einleitung: Anrede, Anlass, Meinung
    – Hauptteil: Argumente (= Aspekte + Entfaltungen), Einwand und Entkräftung
    – Schluss: Anliegen wiederholen und um Unterstützung bitten
  – Hast du deinen Brief durch Absätze strukturiert?
  – Hast du den Schulleiter direkt angesprochen (*Ihre Unterstützung ist wichtig, da ...*)?
  – Hast du sinnvolle Satzverknüpfungswörter verwendet?
  – Hast du auf Rechtschreibung, Grammatik und Zeichensetzung geachtet?
b) Schreibe deinen Brief noch einmal leserlich und fehlerfrei ab.

Klassenarbeit: Einen argumentativen Brief verfassen – Klassenräume

Name: _____ Datum: _____

Die Schülervertretung (SV) möchte die Einnahmen aus dem Sponsorenlauf zur Neugestaltung der Klassenzimmer nutzen. Die Wände sollen gestrichen und neue Vorhänge angebracht werden. Nun sollst du den Schulleiter in einem Brief von diesem Vorschlag überzeugen. Dazu hat die SV folgende Aspekte für ihr Anliegen sowie mögliche Einwände des Schulleiters gesammelt:

Aspekteliste für die Neugestaltung der Klassenzimmer:
- sich wohlfühlen im neuen Raum
- Zusammenarbeit von Schülern, Lehrern, Eltern
- verantwortungsvollerer Umgang mit dem eigenen Raum
- Kreativität gefördert
- organisatorische Kompetenz gefördert
- Lernatmosphäre verbessert
- handwerkliches Geschick trainiert
- ...

Mögliche Einwände des Schulleiters:
- Klassenräume können wechseln.
- Geschmack ist unterschiedlich.
- Der Zeitaufwand ist zu groß.
- Es entstehen hohe Kosten.
- Nicht jeder Schüler hat etwas zu tun.
- Unterricht fällt aus.
- ...

1 Plane den Brief an den Schulleiter, indem du eine Tabelle als Schreibplan anlegst.
   Gehe so vor:
   a) Notiere in der Tabelle deinen Adressaten, den Anlass und die Meinung, die du vertrittst.
   b) Ergänze in den Stichwortlisten weitere Aspekte und mögliche Einwände des Adressaten.
   c) Verteile Überzeugungspunkte und wähle drei Aspekte aus, mit denen du den Schulleiter überzeugen möchtest. Entfalte sie stichwortartig im Schreibplan.
   d) Wähle einen möglichen Einwand aus und entkräfte ihn stichwortartig im Schreibplan.
   e) Wiederhole dein Anliegen und bitte um Unterstützung.

2 **Verfasse** mithilfe deiner Vorarbeit den Brief. Gliedere ihn in Einleitung, Hauptteil und Schluss.

3 a) Überarbeite deinen Brief mithilfe der folgenden Fragen:
   – Hast du alle Punkte deines Schreibplanes berücksichtigt?
   – Hast du den Schulleiter häufig direkt angesprochen?
   – Hast du deinen Brief durch Absätze strukturiert?
   – Hast du sinnvolle Satzverknüpfungswörter verwendet?
   – Sind Rechtschreibung, Zeichensetzung und Grammatik korrekt?
   b) Schreibe deinen Brief noch einmal leserlich und fehlerfrei ab.

Klassenarbeit: Einen argumentativen Brief verfassen – Aufenthaltsraum

Name: _____   Datum: _____

Der 8er-Jahrgang hat sich darauf geeinigt, die Einnahmen aus dem Sponsorenlauf für die Einrichtung eines Aufenthaltsraumes für Schülerinnen und Schüler auszugeben. Nun sollst du die Schülervertretung (SV) in einem Brief von diesem Vorschlag überzeugen. Dazu habt ihr folgende Aspekte für euer Anliegen sowie mögliche Einwände der SV-Mitglieder gesammelt:

Aspekteliste für die Einrichtung eines Aufenthaltsraumes:
- Ein Aufenthaltsraum wäre bei schlechtem Wetter eine Alternative zur Eingangshalle.   O
- Wir hätten eine Aufenthaltsmöglichkeit für Freistunden.   OO
- Es wäre auch ein Raum zum Entspannen.
- Wir könnten mit anderen in Ruhe lernen.
- Schüler lernen, Verantwortung zu übernehmen.
- ...

Mögliche Einwände der SV-Mitglieder:
- Viele lassen ihren Müll dort herumliegen.
- Der Raum muss beaufsichtigt werden.
- Alle wollen den Raum nutzen, dafür ist er zu klein.
- ...

1 Plane den Brief an die SV-Mitglieder, indem du eine Tabelle wie auf der nächsten Seite als Schreibplan anlegst. Gehe so vor:
   a) Notiere in der Tabelle, an wen du schreibst, was dein Anlass ist und welche Meinung du vertrittst.
   b) Ergänze in den Stichwortlisten weitere Aspekte und einen möglichen Einwand der Adressaten.
   c) Verteile Überzeugungspunkte und wähle drei Aspekte aus, mit denen du die SV-Mitglieder überzeugen möchtest. Entfalte sie stichwortartig im Schreibplan.
   d) Wähle einen möglichen Einwand aus und entkräfte ihn stichwortartig im Schreibplan.
   e) Wiederhole dein Anliegen und bitte um Unterstützung.

Schreibplan:

1. Adressat	SV-Mitglieder
2. Anlass	Sponsorenlauf des 8er-Jahrgangs
3. Anliegen / Meinung	Aufenthaltsraum einrichten
4. Argumente	...
5. ...	...
...	...

2 **Verfasse** mithilfe deiner Vorarbeit den Brief. Gliedere ihn in Einleitung, Hauptteil und Schluss. So kannst du beginnen:

Liebe Mitglieder der Schülervertretung,   Lüdenscheid, 27.05.20..
wir, die Schüler des 8er-Jahrganges, haben darüber diskutiert, ob es sinnvoll wäre, ... Wir würden euch gerne mitteilen, was das Ergebnis dieser Diskussion ist. Wir sind der Meinung, dass ...

3 **a)** Überarbeite deinen Brief mithilfe der folgenden Fragen:
   – Hast du alle Punkte deines Schreibplanes berücksichtigt?
   – Hast du den Brief richtig gegliedert?
      – Einleitung: Anrede, Anlass, Meinung
      – Hauptteil: Argumente (= Aspekte + Entfaltungen), Einwand und Entkräftung
      – Schluss: Anliegen wiederholen und um Unterstützung bitten
   – Hast du deinen Brief durch Absätze strukturiert?
   – Hast du die SV-Mitglieder direkt angesprochen (*Wir benötigen eure Unterstützung, damit ...*)?
   – Hast du sinnvolle Satzverknüpfungswörter verwendet?
   – Hast du auf Rechtschreibung, Grammatik und Zeichensetzung geachtet?
   b) Schreibe deinen Brief noch einmal leserlich und fehlerfrei ab.

Klassenarbeit: Einen argumentativen Brief verfassen – Aufenthaltsraum

Name: _____   Datum: _____

Der 8er-Jahrgang hat sich darauf geeinigt, die Einnahmen aus dem Sponsorenlauf für die Einrichtung eines Aufenthaltsraumes für Schülerinnen und Schüler auszugeben. Nun sollst du die Schülervertretung (SV) in einem Brief von diesem Vorschlag überzeugen. Dazu habt ihr folgende Aspekte für euer Anliegen sowie mögliche Einwände der SV-Mitglieder gesammelt:

Aspekteliste für die Einrichtung eines Aufenthaltsraums:
- Alternative zur Eingangshalle bei schlechtem Wetter
- Aufenthaltsmöglichkeit bei Freistunden
- Raum zum Entspannen
- mit anderen in Ruhe lernen
- lernen, Verantwortung zu übernehmen
- Treffpunkt für Besprechungsstunden der SV
- Möglichkeit, Referate in Gruppen vorzubereiten
- ...

Mögliche Einwände der SV-Mitglieder:
- Müllproblem
- Beaufsichtigung des Raums nötig
- alle wollen Raum nutzen
- Lautstärke
- Kosten für Möbel, Pflanzen ...
- ...

1 Plane den Brief an die SV-Mitglieder, indem du eine Tabelle als Schreibplan anlegst.
Gehe so vor:
a) Notiere in der Tabelle deine Adressaten, den Anlass und die Meinung, die du vertrittst.
b) Ergänze in den Stichwortlisten weitere Aspekte und mögliche Einwände der Adressaten.
c) Verteile Überzeugungspunkte und wähle drei Aspekte aus, mit denen du die SV-Mitglieder überzeugen möchtest. Entfalte sie stichwortartig im Schreibplan.
d) Wähle einen möglichen Einwand aus und entkräfte ihn stichwortartig im Schreibplan.
e) Wiederhole dein Anliegen und bitte um Unterstützung.

2 **Verfasse** mithilfe deiner Vorarbeit den Brief. Gliedere ihn in Einleitung, Hauptteil und Schluss.

3 **a)** Überarbeite deinen Brief mithilfe der folgenden Fragen:
  – Hast du alle Punkte deines Schreibplanes berücksichtigt?
  – Hast du die SV-Mitglieder häufig direkt angesprochen?
  – Hast du deinen Brief durch Absätze strukturiert?
  – Hast du sinnvolle Satzverknüpfungswörter verwendet?
  – Sind Rechtschreibung, Zeichensetzung und Grammatik korrekt?
b) Schreibe deinen Brief noch einmal leserlich und fehlerfrei ab.

Klassenarbeit: Einen argumentativen Brief verfassen – WWF

Name: _____ Datum: _____

Deine Klasse hat sich darauf geeinigt, die Einnahmen aus dem Sponsorenlauf dem WWF zu spenden. Nun sollst du als Klassensprecher die Schülervertretung (SV) in einem Brief von diesem Vorschlag überzeugen. Dazu hat deine Klasse folgende Aspekte für ihr Anliegen sowie mögliche Einwände der SV-Mitglieder gesammelt:

Aspekteliste für die Spende an den WWF:
- Der gute Zweck steht im Vordergrund.   OO
- Tiere und Natur benötigen Unterstützung.   OOO
- Viele Sponsoren werden helfen.
- Natur und Tiere interessieren viele Menschen.
- Eine Kooperation mit der Organisation wäre möglich.
- ...

[Foto: WWF Deutschland, Berlin]

Mögliche Einwände der SV-Mitglieder:
- Das Geld kommt vielleicht nicht an der richtigen Stelle an.
- Menschen zu unterstützen ist sinnvoller.
- Das Geld wird an der eigenen Schule benötigt.
- ...

1. Adressat	SV-Mitglieder
2. Anlass	Sponsorenlauf des 8er-Jgs.
3. Meinung / Anliegen	WWF durch Spende unterstützen
4. Argumente	...
5. ...	...
...	...

1 Plane den Brief an die SV-Mitglieder, indem du eine Tabelle als Schreibplan anlegst. Gehe so vor:
  a) Notiere in der Tabelle, an wen du schreibst, was dein Anlass ist und welche Meinung du vertrittst.
  b) Ergänze in den Stichwortlisten weitere Aspekte und einen möglichen Einwand der SV-Mitglieder.
  c) Verteile Überzeugungspunkte und wähle drei Aspekte aus, mit denen du die SV-Mitglieder überzeugen möchtest. Entfalte sie stichwortartig im Schreibplan.
  d) Wähle einen möglichen Einwand aus und entkräfte ihn stichwortartig im Schreibplan.
  e) Wiederhole dein Anliegen und bitte um Unterstützung.

2 **Verfasse** mithilfe deiner Vorarbeit den Brief. Gliedere ihn in Einleitung, Hauptteil und Schluss. So kannst du beginnen:
Liebe Mitglieder der Schülervertretung,   Lüdenscheid, 27.05.20..
wir, die Schüler der Klasse 8.2, haben darüber diskutiert, ob es sinnvoll wäre, ...
Wir würden euch gerne unser Ergebnis mitteilen. Wir sind der Meinung, dass ...

3 **a)** Überarbeite deinen Brief mithilfe der folgenden Fragen:
    – Hast du alle Punkte deines Schreibplanes berücksichtigt?
    – Hast du die SV-Mitglieder häufig direkt angesprochen?
    – Hast du deinen Brief durch Absätze strukturiert?
    – Hast du sinnvolle Satzverknüpfungswörter verwendet?
    – Sind Rechtschreibung, Zeichensetzung und Grammatik korrekt?
  b) Schreibe deinen Brief noch einmal leserlich und fehlerfrei ab.

Klassenarbeit: Einen argumentativen Brief verfassen – WWF

Name: _____   Datum: _____

Deine Klasse hat sich darauf geeinigt, die Einnahmen aus dem Sponsorenlauf dem WWF zu spenden. Nun sollst du als Klassensprecher die Schülervertretung (SV) in einem Brief von diesem Vorschlag überzeugen. Dazu hat deine Klasse folgende Aspekte für ihr Anliegen sowie mögliche Einwände der SV-Mitglieder gesammelt:

[Foto: WWF Deutschland, Berlin]

Aspekteliste für die Spende an den WWF:
- guter Zweck im Vordergrund
- Unterstützung für Tiere und Natur nötig
- dadurch viele Sponsoren gewinnen
- viele Menschen interessiert an Natur und Tieren
- Kooperation mit Organisation möglich
- gute Erfahrungen aus dem letzten Jahr
- Naturschutz wichtig für uns
- ...

Mögliche Einwände der SV-Mitglieder:
- Das Geld kommt vielleicht nicht an der richtigen Stelle an.
- Menschen zu unterstützen ist sinnvoller.
- Das Geld wird an der eigenen Schule benötigt.
- Andere Naturschutzorganisationen sind auch wichtig.
- ...

1 Plane den Brief an die SV-Mitglieder, indem du eine Tabelle als Schreibplan anlegst.
Gehe so vor:
a) Notiere in der Tabelle deine Adressaten, den Anlass und die Meinung, die du vertrittst.
b) Ergänze in den Stichwortlisten weitere Aspekte und mögliche Einwände der SV-Mitglieder.
c) Verteile Überzeugungspunkte und wähle drei Aspekte aus, mit denen du die SV-Mitglieder überzeugen möchtest. Entfalte sie stichwortartig im Schreibplan.
d) Wähle einen möglichen Einwand aus und entkräfte ihn stichwortartig im Schreibplan.
e) Wiederhole dein Anliegen und bitte um Unterstützung.

2 **Verfasse** mithilfe deiner Vorarbeit den Brief. Gliedere ihn in Einleitung, Hauptteil und Schluss.

3 **a)** Überarbeite deinen Brief mithilfe der folgenden Fragen:
  – Hast du alle Punkte deines Schreibplanes berücksichtigt?
  – Hast du die SV-Mitglieder häufig direkt angesprochen?
  – Hast du deinen Brief durch Absätze strukturiert?
  – Hast du sinnvolle Satzverknüpfungswörter verwendet?
  – Sind Rechtschreibung, Zeichensetzung und Grammatik korrekt?
b) Schreibe deinen Brief noch einmal leserlich und fehlerfrei ab.

Einen argumentativen Brief verfassen – das konntest du

Name: _____   Datum: _____

Inhaltsleistung		
Aufgabe	**Leistung**	**Niveau** A ☐ B ☐ **Punkte**
1 a)–e)	Du hast deinen Brief **geplant** und dabei ... – deinen **Adressaten**, den **Anlass** und deine **Meinung** im Schreibplan notiert, – **weitere Aspekte** und **mögliche Einwände** gesammelt, – Aspekte und Einwände überprüft und mit Blick auf den Adressaten durch **Überzeugungspunkte** gewichtet, – drei **Aspekte** ausgewählt und stichwortartig **entfaltet**, – einen **Einwand** ausgewählt und stichwortartig **entkräftet**, – dein **Anliegen wiederholt** und um **Unterstützung gebeten**.	
2 + **3 a) + b)**	Du hast einen argumentativen **Brief geschrieben** und **überarbeitet** und dabei ... – die **Form des Briefes** beachtet (Ort, Datum, höfliche Anrede, Brieftext, höfliche Grußformel, Unterschrift), – in der **Einleitung** den **Anlass** deines Briefes und deine **Meinung** genannt, – im **Hauptteil drei Aspekte** mithilfe von **Begründungen, Erläuterungen, Belegen, Beispielen** oder **positiven Folgen** stichhaltig **zu Argumenten entfaltet** und – einen möglichen **Einwand genannt** und nachhaltig **entkräftet**, – im **Schlussteil dein Anliegen** noch einmal **wiederholt** und **um Unterstützung gebeten**.	
	Summe Inhaltsleistung:	

Darstellungsleistung		
Aufgabe	**Leistung**	**Punkte**
2 + **3 a) + b)**	Du hast deinen **Brief schlüssig** und **gedanklich klar** strukturiert.	
	Du hast deine **Argumente geordnet** und **übersichtlich** aufgeführt (Absätze).	
	Du hast den **Satzbau abwechslungsreich** gestaltet und deine **Sätze miteinander verknüpft**.	
	Du hast **adressatenorientiert** und **höflich** formuliert.	
	Du hast dich sprachlich richtig ausgedrückt: **Rechtschreibung, Zeichensetzung und Grammatik**.	
	Summe Darstellungsleistung:	

Insgesamt hast du _____ **von** _____ **möglichen Punkten erreicht.**

Das ergibt die Note: _____

Klassenarbeit: Eine Erzählung untersuchen – Allmorgendlich

Name: _____   Datum: _____

Allmorgendlich
Michaela Seul (1978)

Jeden Morgen sah ich sie. Ich glaube, sie fiel mir gleich bei der ersten Fahrt
auf. Ich hatte meinen Arbeitsplatz gewechselt und fuhr vom Ersten des
Monats an mit dem Bus um 8.11 Uhr.
Es war Winter. Jeden Morgen trug sie den kirschroten Mantel, weiße,
5 pelzbesetzte Stiefel, weiße Handschuhe, und ihr langes, dunkelbraunes,
glattes Haar war zu einem ungewöhnlichen, aber langweiligen Knoten
aufgesteckt. Jeden Morgen stieg sie um 8.15 Uhr zu und ging mit
hocherhobenem Kopf auf ihren Stammplatz, vorletzte Reihe rechts, zu.
Das Wort mürrisch passte gut zu ihr. Sie war mir sofort unsympathisch. So
10 geht es mir oft: Ich sehe fremde Menschen, wechsle kein Wort mit ihnen,
fühle Ablehnung und Ärger bei ihrem bloßen Anblick. Ich wusste nicht, was
mich an ihr so störte, denn ich fand sie nicht schön; es war also kein Neid.
Sie stieg zu, setzte sich auf ihren seltsamerweise immer freien Platz, holte
die Zeitung aus ihrer schwarzen Tasche und begann zu lesen. Jeden Morgen
15 ab Seite drei. Nach der dritten Station griff sie erneut in die Tasche, holte,
ohne den Blick von der Zeitung zu wenden, zwei belegte Brote hervor.
Einmal mit Salami und einmal mit Mettwurst. Lesend aß sie. Sie schmatzte
nicht, und trotzdem erfüllte mich ihr essender Anblick mit Ekel. Die Brote
waren in einem Klarsichtbeutel aufbewahrt, und ich fragte mich oft, ob sie
20 täglich einen neuen Beutel benutzte oder denselben mehrfach verwendete.
Ich beobachtete sie ungefähr zwei Wochen, als sie mir gegenüber das erste
Mal ihre mürrische Gleichgültigkeit aufgab. Sie musterte mich prüfend. Ich
wich ihr aus. Unsere Feindschaft war besiegelt. Am nächsten Morgen setzte
ich mich auf ihren Stammplatz. Sie ließ sich nichts anmerken, begann wie
25 immer zu lesen. Die Stullen packte sie allerdings erst nach der sechsten
Station aus.

Jeden Morgen vergrämte[1] sie mir den Tag. Gierig starrte ich zu ihr hinüber, saugte jede ihrer mich persönlich beleidigenden, sich Tag für Tag wiederholenden Hantierungen[2] auf, ärgerte mich, weil ich vor ihr aussteigen
30 musste und sie in den Vorteil der Kenntnis meines Arbeitsplatzes brachte.

Erst als sie einige Tage nicht im Bus saß und mich dies beunruhigte, erkannte ich die Notwendigkeit des morgendlichen Übels. Ich war erleichtert, als sie wieder erschien, ärgerte mich doppelt über sie, den Haarknoten, der ungewöhnlich und trotzdem langweilig war, den kirschroten
35 Mantel, das griesgrämige Gesicht, die Salami, die Mettwurst und die Zeitung.

Es kam so weit, dass sie mir nicht nur während der Busfahrten gegenwärtig war; ich nahm sie mit nach Hause, erzählte meinen Bekannten von ihrem unmäßigen Schmatzen, dem Körpergeruch, der großporigen Haut, dem
40 abstoßenden Gesicht.

Herrlich war es mir, mich in meine Wut hineinzusteigern; ich fand immer neue Gründe, warum ihre bloße Gegenwart mich belästigte. Wurde ich belächelt, beschrieb ich ihre knarzende[3] Stimme, die ich nie gehört hatte, ärgerte mich, weil sie die primitivste[4] Boulevardzeitung[5] las, und so fort.
45 Man riet mir, einen Bus früher, also um 8.01 Uhr, zu fahren, doch das hätte zehn Minuten weniger Schlaf bedeutet. Sie würde mich nicht um meinen wohlverdienten Schlaf bringen!

Vorgestern übernachtete meine Freundin Beate bei mir. Zusammen gingen wir zum Bus.
50 SIE stieg wie immer um 8.15 Uhr zu und setzte sich auf ihren Platz. Beate, der ich nie von IHR erzählt hatte, lachte plötzlich, zupfte mich am Ärmel und flüsterte: „Schau mal, die mit dem roten Mantel, die jetzt das Brot isst, also ich kann mir nicht helfen, aber die erinnert mich unheimlich an dich. Wie sie isst und sitzt und wie sie schaut."

[Aus: Abseits der Eitelkeiten, hrsg. von Kristiane Allert-Wybranietz, München: Heine Verlag 1978.]

Worterklärungen
[1] vergrämen: hier: verderben
[2] die Hantierung: hier: das Zeitunglesen und das Essen
[3] knarzend: hier: rau
[4] primitiv: einfach (abwertend)
[5] die Boulevardzeitung: kostengünstige Zeitung mit vielen Bildern und eher wenig Text

Klassenarbeit: Eine Erzählung untersuchen – Allmorgendlich

Name: _____   Datum: _____

Untersuche die Erzählung „Allmorgendlich" von Michaela Seul in einem zusammenhängenden Text. Gehe so vor:

a) Formuliere eine Einleitung, in der du **T**itel, **A**utor, **T**extart, **T**hema und **E**rscheinungsjahr
(TATTE) der Erzählung **benennst**.

b) **Gib** den Inhalt der Erzählung mit eigenen Worten **wieder**.

c) **Beschreibe**, wie die Erzählerin ihre Mitfahrerin wahrnimmt. Belege deine Aussagen am
Text.

d) **Erkläre**, wie es der Autorin gelingt, dass der Leser die Gedanken und Gefühle der
Erzählerin gut nachvollziehen kann. Berücksichtige dabei auch die Erzählweise (mögliche
Schwerpunkte: Erzählform, Erzählhaltung, Wortwahl, Wiederholungen). Gib Textbelege an.

e) Nach dem Lesen meint eine Schülerin: „*Die Erzählerin sollte einfach einen Bus früher
nehmen, dann hätte sie kein Problem mit der Mitfahrerin.*" **Nimm Stellung** zu dieser Aussage und **begründe** deine Meinung mithilfe des Textes.

---

1 Plane deine Textuntersuchung.

    a) Erschließe den Text mit der **Lesemethode für erzählende Texte**.

    b) Lege dir einen Schreibplan an. Orientiere dich an den Teilaufgaben **a) – e)** und trage deine
    Vorarbeiten in den Schreibplan ein.

Teilaufgabe	Arbeitsschritte	meine Ergebnisse in Stichpunkten
a)	Einleitung formulieren	T = … A = … T = … T = … E = …
b)	Inhalt wiedergeben	Die Erzählerin fährt jeden Morgen mit dem Bus um 8:11 Uhr zur Arbeit. Dabei beochbachtet sie jedes Mal eine Mitfahrerin …
c)	beschreiben, wie die Erzählerin die andere Frau wahrnimmt + Textbelege	Die Mitfahrerin hat eine langweilige Frisur (Z. 6–7), sie ist der Erzählerin sofort unsympa-thisch (Z. 9), die Erzählerin empfindet Ekel (Z. 17–18) …
d)	Gedanken und Gefühle der Erzählerin (Erzählform + Erzählhaltung + Wortwahl + Wiederholungen) + Textbelege	Die Erzählerin empfindet große Abneigung … Erzählform: … Erzählhaltung: … Es werden wertende Adjektive verwendet, wie z. B. „mürrisch" (Z. 9) … Wiederholungen: „Jeden Morgen" (Z. 1, 4, 7 …) …, „ärgerte" (Z. 29, 33 …) …
e)	Stellung nehmen + Textbelege	Die Schülerin sagt, dass … Sie meint mit diesem Satz, dass … Ich finde (nicht) …, denn …

2 Formuliere mithilfe deines Schreibplans einen Textentwurf.

3 Überarbeite deine Textuntersuchung:
- Überprüfe, ob du alle Teilaufgaben vollständig bearbeitet hast.
- Überprüfe, ob du deine Ergebnisse durch Textstellen (mit Zeilenangaben) belegt hast.
- Kontrolliere, ob du das Präsens verwendet und wörtliche Rede vermieden hast.
- Überprüfe auch Rechtschreibung, Zeichensetzung und Grammatik.

Klassenarbeit: Eine Erzählung untersuchen – Allmorgendlich

Name: _____   Datum: _____

Untersuche die Erzählung „Allmorgendlich" von Michaela Seul in einem zusammenhängenden Text. Gehe so vor:

a) Formuliere eine Einleitung, in der du **T**itel, **A**utor, **T**extart, **T**hema und **E**rscheinungsjahr (TATTE) der Erzählung **benennst**.

b) **Gib** den Inhalt der Erzählung mit eigenen Worten **wieder**.

c) **Beschreibe**, wie die Erzählerin ihre Mitfahrerin wahrnimmt. Belege deine Aussagen am Text.

d) **Stelle dar**, wie sich die Gefühle der Erzählerin der Mitfahrerin gegenüber im Lauf der Erzählung verstärken. **Erkläre**, wie es der Autorin mithilfe der Erzählweise gelingt, dass der Leser diese Entwicklung gut nachvollziehen kann (mögliche Schwerpunkte: Erzählform, Erzählhaltung, Wortwahl, Wiederholungen). Gib Textbelege an.

e) Der Text endet mit dem Satz: „*Schau mal, die mit dem roten Mantel, […] also ich kann mir nicht helfen, aber die erinnert mich unheimlich an dich. […]*" (Z. 52–53). **Nimm Stellung** dazu, ob diese Einschätzung zutreffen könnte, und **begründe** deine Meinung mithilfe des Textes.

---

1 Plane deine Textuntersuchung.
   a) **Erschließe** den Text mit der **Lesemethode für erzählende Texte**.
   b) Lege dir einen Schreibplan an. Orientiere dich an den Teilaufgaben **a)** – **e)** und trage deine Vorarbeiten in den Schreibplan ein.

2 Formuliere mithilfe deines Schreibplans einen Textentwurf.

3 Überarbeite deine Textuntersuchung:
   – Überprüfe, ob du alle Teilaufgaben vollständig bearbeitet hast.
   – Überprüfe, ob du deine Ergebnisse durch Textstellen (mit Zeilenangaben) belegt hast.
   – Kontrolliere, ob du das Präsens verwendet und wörtliche Rede vermieden hast.
   – Überprüfe auch Rechtschreibung, Zeichensetzung und Grammatik.

Klassenarbeit: Eine Erzählung untersuchen – Spaghetti für zwei

Name: _____   Datum: _____

Spaghetti für zwei
Federica de Cesco (1986)

Heinz war bald vierzehn und fühlte sich sehr cool. In der Klasse und auf dem Fußballplatz hatte
er das Sagen. […] Im Unterricht machte er gerne auf Verweigerung. Der Lehrer sollte bloß
nicht auf den Gedanken kommen, dass er sich anstrengte. Mittags konnte er nicht nach Hause,
weil der eine Bus zu früh, der andere zu spät abfuhr. So aß er im Selbstbedienungsrestaurant,
5   gleich gegenüber der Schule. […] „Italienische Gemüsesuppe" stand im Menü. Warum nicht?
Immer noch seinen Kaugummi mahlend, nahm Heinz ein Tablett und stellte sich an. Ein
schwitzendes Fräulein schöpfte die Suppe aus einem dampfenden Topf. Heinz nickte zufrieden.
Der Teller war ganz ordentlich voll. Eine Schnitte Brot dazu und er würde bestimmt satt. Er setzte
sich an einen freien Tisch, nahm den Kaugummi aus dem Mund und klebte ihn unter den Stuhl. Da
10 merkte er, dass er den Löffel vergessen hatte. Heinz stand auf und holte sich einen. Als er zu seinem
Tisch zurückstapfte, traute er seinen Augen nicht: Ein Schwarzer saß an seinem Platz und aß
seelenruhig seine Gemüsesuppe!
Heinz stand mit seinem Löffel fassungslos da, bis ihn die Wut packte. Zum Teufel mit diesen
Asylbewerbern! Der kam irgendwo aus Ouagadougou, wollte sich in der Schweiz breitmachen
15 und jetzt fiel ihm nichts Besseres ein, als ausgerechnet seine Gemüsesuppe zu verzehren! Schon
möglich, dass so was den afrikanischen Sitten entsprach, aber hierzulande war das eine
bodenlose Unverschämtheit! Heinz öffnete den Mund, um dem Menschen lautstark seine
Meinung zu sagen, als ihm auffiel, dass die Leute ihn komisch ansahen. Heinz wurde rot. Er
wollte nicht als Rassist gelten. Aber was nun?
20 Plötzlich fasste er einen Entschluss. Er räusperte sich vernehmlich, zog einen Stuhl zurück und
setzte sich dem Schwarzen gegenüber. Dieser hob den Kopf, blickte ihn kurz an und schlürfte
ungestört die Suppe weiter. Heinz presste die Zähne zusammen, dass seine Kinnbacken
schmerzten. Dann packte er energisch den Löffel, beugte sich über den Tisch und tauchte ihn in
die Suppe. Der Schwarze hob abermals den Kopf. Sekundenlang starrten sie sich an. Heinz
25 bemühte sich, die Augen nicht zu senken. Er führte mit leicht zitternder Hand den Löffel zum
Mund und tauchte ihn zum zweiten Mal in die Suppe. Seinen vollen Löffel in der Hand, fuhr der
Schwarze fort, ihn stumm zu betrachten. Dann senkte er die Augen auf seinen Teller und aß
weiter. Eine Weile verging. Beide teilten sich die Suppe, ohne dass ein Wort fiel. Heinz

30 versuchte nachzudenken. „Vielleicht hat der Mensch kein Geld, muss schon tagelang hungern. Dann sah er die Suppe da stehen und bediente sich einfach. Schon möglich, wer weiß? Vielleicht würde ich mit leerem Magen ähnlich reagieren? Und Deutsch kann er anscheinend auch nicht, sonst würde er ja nicht dasitzen wie ein Klotz. Ist doch peinlich. Ich an seiner Stelle würde mich schämen. Ob Schwarze wohl rot werden können?"

35 [...] Er versuchte, den Schwarzen abzuschätzen. „Junger Kerl. Etwas älter als ich. Vielleicht sechzehn oder sogar schon achtzehn. Normal angezogen: Jeans, Pulli, Windjacke. Sieht eigentlich nicht wie ein Obdachloser aus. Immerhin, der hat meine halbe Suppe aufgegessen und sagt nicht einmal Danke! Verdammt, ich habe noch Hunger!"

Der Schwarze stand auf. Heinz blieb der Mund offen. [...] Er wollte aufspringen und Krach schlagen. Da sah er, wie sich der Schwarze mit einem Tablett in der Hand wieder anstellte.

40 Heinz fiel unsanft auf seinen Stuhl zurück und saß da wie ein Ölgötze[1]. [...] Der Schwarze hatte einen Tagesteller bestellt. Jetzt stand er vor der Kasse und – wahrhaftig – er bezahlte! Heinz schniefte. „Verrückt!", dachte er. „Total gesponnen!"

Da kam der Schwarze zurück. Er trug das Tablett, auf dem ein großer Teller Spaghetti stand, mit Tomatensoße, vier Fleischbällchen und zwei Gabeln. Immer noch stumm, setzte er sich Heinz

45 gegenüber, schob den Teller in die Mitte des Tisches, nahm eine Gabel und begann zu essen, wobei er Heinz ausdruckslos in die Augen schaute. Heinz' Wimpern flatterten. Heiliger Strohsack! Dieser Typ forderte ihn tatsächlich auf, die Spaghetti mit ihm zu teilen! Heinz brach der Schweiß aus. Was nun? Sollte er essen? Nicht essen? Seine Gedanken überstürzten sich. Wenn der Mensch doch wenigstens reden würde! „Na gut. Er aß die Hälfte meiner Suppe, jetzt esse ich die Hälfte seiner Spaghetti, dann

50 sind wir quitt!" Wütend und beschämt griff Heinz nach der Gabel, rollte die Spaghetti auf und steckte sie in den Mund. Schweigen. Beide verschlangen die Spaghetti. „Eigentlich nett von ihm, dass er mir eine Gabel brachte", dachte Heinz. „Da komme ich noch zu einem guten Spaghetti-Essen, das ich mir heute nicht geleistet hätte. Aber was soll ich jetzt sagen? Danke? Saublöde! Einen Vorwurf machen kann ich ihm auch nicht mehr. [...] Schmecken gut, die Spaghetti. Das Fleisch auch. Wenn ich nur

55 nicht so schwitzen würde!"

Die Portion war sehr reichlich. Bald hatte Heinz keinen Hunger mehr. Dem Schwarzen ging es ebenso. [...] Plötzlich spürte er ein Kribbeln im Nacken. Ein Schauer jagte ihm über die Wirbelsäule von den Ohren bis ans Gesäß. Auf dem Nebentisch, an den sich bisher niemand gesetzt hatte, stand – einsam auf dem Tablett – ein Teller kalter Gemüsesuppe. Heinz erlebte den peinlichsten Augenblick

60 seines Lebens. Am liebsten hätte er sich in ein Mauseloch verkrochen. Es vergingen zehn volle Sekunden, bis er es endlich wagte, dem Schwarzen ins Gesicht zu sehen. Der saß da, völlig entspannt und cooler, als Heinz es je sein würde, und wippte leicht mit dem Stuhl hin und her. „Äh ...", stammelte Heinz, feuerrot im Gesicht. „Entschuldigen Sie bitte. Ich ...".

Er sah die Pupillen des Schwarzen aufblitzen, sah den Schalk[2] in seinen Augen schimmern. Auf

65 einmal warf er den Kopf zurück, brach in dröhnendes Gelächter aus. Zuerst brachte Heinz nur ein verschämtes Glucksen zustande, bis endlich der Damm gebrochen war und er aus vollem Halse in das Gelächter des Afrikaners einstimmte. Eine Weile saßen sie da, von Lachen geschüttelt. Dann stand der Schwarze auf, schlug Heinz auf die Schulter.

„Ich heiße Marcel", sagte er in bestem Deutsch. „Ich esse jeden Tag hier. Sehe ich dich morgen

70 wieder? Um die gleiche Zeit?" Heinz' Augen tränten, sein Zwerchfell glühte und er schnappte nach Luft. „In Ordnung!", keuchte er. „Aber dann spendiere ich die Spaghetti!"

[Aus: Federica de Cesco, Freundschaft hat viele Gesichter, Luzern und Stuttgart: Rex 1986.]

Worterklärungen:
[1] dasitzen wie ein Ölgötze: spöttische Bezeichnung für einen steif oder stumm dasitzenden Menschen
[2] der Schalk: hier: Witz, Spott

Klassenarbeit: Eine Erzählung untersuchen – Spaghetti für zwei

Name: _____   Datum: _____

Untersuche die Erzählung „Spaghetti für zwei" von Federica de Cesco in einem zusammenhängenden Text. Gehe so vor:

a) Formuliere eine Einleitung, in der du **T**itel, **A**utor, **T**extart, **T**hema und **E**rscheinungsjahr (TATTE) der Erzählung **benennst**.

b) **Gib** den Inhalt der Erzählung mit eigenen Worten **wieder**. Vermeide wörtliche Rede und schreibe im Präsens.

c) **Erläutere** mithilfe des Textes, wie es zum Missverständnis zwischen den Jungen kommt. **Nenne** Textstellen als Beleg.

d) **Erkläre**, wie es der Autorin gelingt, Heinz' Gedanken und Gefühle anschaulich darzustellen. Berücksichtige dabei die Erzählweise (mögliche Schwerpunkte: Erzählform, Erzälhaltung, Wortwahl). Gib Textbelege an.

e) Nach dem Lesen meint ein Schüler: „*An Marcels Stelle hätte ich mich nicht für den nächsten Tag mit Heinz verabredet. Er muss doch gemerkt haben, dass Heinz ihm gegenüber Vorurteile hat.*" **Nimm Stellung** zu dieser Aussage und **begründe** deine Meinung mithilfe des Textes.

---

1 Plane deine Textuntersuchung.

    a) **Erschließe** den Text mit der **Lesemethode für erzählende Texte**.

    b) Lege dir einen Schreibplan an. Orientiere dich an den Teilaufgaben a) – e) und trage deine Vorarbeiten in den Schreibplan ein.

Teilaufgabe	Arbeitsschritte	meine Ergebnisse in Stichpunkten
a)	Einleitung formulieren	T = … A = … T = … T = … E = …
b)	Inhalt wiedergeben	Der 14-jährige Heinz isst in der Mittagspause im Selbstbedienungsrestaurant gegenüber der Schule …
c)	erläutern, wie es zum Missverständnis kommt + Textbelege	Heinz hat seinen Löffel vergessen und holt einen (Z. 9-10). Als er wieder an den Tisch kommt, … Heinz meint, dass es vielleicht afrikanischen Sitten entspreche (Z. 15-17), dass …
d)	Darstellung von Heinz' Gedanken und Gefühlen erklären (Erzählform + Erzälhaltung + Wortwahl) + Textbelege	Als Heinz den Jungen essen sieht, ist er wütend und hält ihn für einen Asylbewerber. Da Heinz nicht als Rassist gelten möchte, entschließt er sich … Er fragt sich, ob der Junge vielleicht einfach nur Hunger … Adjektive: „fassungslos" (Z. 13) …; Ausrufe: „Zum Teufel" (Z. 13), „Verdammt" (Z. 37) …
e)	Stellung nehmen + Textbelege	Der Schüler sagt, dass … Er meint damit, dass … Ich finde (nicht) …, denn …

2 Formuliere mithilfe deines Schreibplans einen Textentwurf.

3 Überarbeite deine Textuntersuchung:

    – Überprüfe, ob du alle Teilaufgaben vollständig bearbeitet hast.

    – Überprüfe, ob du deine Ergebnisse durch Textstellen (mit Zeilenangaben) belegt hast.

    – Kontrolliere, ob du das Präsens verwendet und wörtliche Rede vermieden hast.

    – Überprüfe auch Rechtschreibung, Zeichensetzung und Grammatik.

Klassenarbeit: Eine Erzählung untersuchen – Spaghetti für zwei

Name: _____   Datum: _____

Untersuche die Erzählung „Spaghetti für zwei" von Federica de Cesco in einem zusammen-hängenden Text. Gehe so vor:

a) Formuliere eine Einleitung, in der du **T**itel, **A**utor, **T**extart, **T**hema und **E**rscheinungsjahr (TATTE) der Erzählung **benennst**.

b) **Gib** den Inhalt der Erzählung mit eigenen Worten **wieder**.

c) **Erläutere** mithilfe des Textes, wie es zum Missverständnis zwischen den Jungen kommt. **Nenne** Textstellen als Beleg.

d) **Erkläre**, wie es der Autorin gelingt, Heinz' Gedanken und Gefühle anschaulich darzu-stellen. Berücksichtige dabei die Erzählweise (mögliche Schwerpunkte: Erzählform, Erzälhaltung, innere Monologe, Wortwahl). Gib Textbelege an.

e) Im Text steht in Zeile 20–24: *„Plötzlich fasste er [Heinz] einen Entschluss. Er räusperte sich vernehmlich, zog einen Stuhl zurück und setzte sich dem Schwarzen gegenüber. [...] Dann packte er energisch den Löffel, beugte sich über den Tisch und tauchte ihn in die Suppe."* **Nimm Stellung** dazu, ob Heinz genauso gehandelt hätte, wenn der andere Junge ein Weißer gewesen wäre, und **begründe** deine Meinung mithilfe des Textes.

---

1 Plane deine Textuntersuchung.

a) **Erschließe** den Text mit der **Lesemethode für erzählende Texte**.

b) Lege dir einen Schreibplan an. Orientiere dich an den Teilaufgaben **a)** – **e)** und trage deine Vorarbeiten in den Schreibplan ein.

2 Formuliere mithilfe deines Schreibplans einen Textentwurf.

3 Überarbeite deine Textuntersuchung:
– Überprüfe, ob du alle Teilaufgaben vollständig bearbeitet hast.
– Überprüfe, ob du deine Ergebnisse durch Textstellen (mit Zeilenangaben) belegt hast.
– Kontrolliere, ob du das Präsens verwendet und wörtliche Rede vermieden hast.
– Überprüfe auch Rechtschreibung, Zeichensetzung und Grammatik.

Klassenarbeit: Eine Erzählung untersuchen – München-Pasing

Name: _____   Datum: _____

München-Pasing, 9:04
Jochen Till (2005)

*Cartmann hat im Internet ein Mädchen kennengelernt und sich in sie
verliebt. Da er in München wohnt und das Mädchen in Berlin, beschließt er,
sie dort zu besuchen. Gerade ist er mit dem Zug unterwegs, um sie zum
ersten Mal zu treffen.*

„Na, das haben wir ja gerne!", poltert eine Stimme in meiner näheren
Umgebung und reißt mich aus dem tiefen Schlaf. „Und dann auch noch so
tun, als würde man schlafen!", bellt die Stimme weiter. „Darauf falle ich
schon lange nicht mehr rein!"

5   Wie bitte, was? Wo bin ich? Ich öffne mühsam die Augen. Ach ja, stimmt,
ich sitze im Zug nach Berlin. Aber der Zug fährt nicht mehr. Bin ich am
Ende vielleicht schon da? Kann es sein, dass ich so lange geschlafen habe?
Ich schaue blinzelnd aus dem Fenster. Ach so, das ist nur eine Haltestelle,
ich bin immer noch in Bayern, hätte mich auch gewundert.

10 „Hallo?", bellt die Stimme erneut. „Sie brauchen gar nicht so zu tun, als
würden Sie mich nicht bemerken! Unverschämtheit! Sie glauben wohl, nur
weil Sie jung sind, können Sie sich alles erlauben!"
Ich drehe meinen Kopf zur Seite, um nachzuschauen, wer zum Teufel da so
rumkrakeelt[1]. Direkt neben meinem Sitz steht ein verkniffen dreinblickender

15 älterer Mann in einer braunen Strickjacke und schaut auf mich hinunter.
„Ja, genau Sie meine ich!", schimpft er. „Sie schämen sich wohl gar nicht,
was?"
Ich? Nein. Warum sollte ich. Ich habe doch gar nichts gemacht, wofür ich
mich schämen müsste. Oder etwa doch? Im Schlaf vielleicht? Kann man im

20 Schlaf furzen oder so? Das wäre jetzt das Einzige, was ich mir vorstellen
kann, warum mich der Mann so anpflaumt. Ich schnüffle kurz in die Luft, ob
ich irgendwas Verdächtiges riechen kann, aber Fehlanzeige.
„Sie brauchen gar nicht so die Nase zu rümpfen!", schimpft der Mann
weiter. „Sie glauben wohl, Sie sind was Besseres!!"

25 Hä? Das wird ja immer seltsamer. Ich kapiere gerade mal überhaupt nichts.
Was zur Hölle will dieser Mensch von mir? Ich lege mein unschuldigstes
Gesicht auf und zucke mit den Schultern.
„Na, das wird ja immer schöner!", pflaumt er mich an. „Jetzt noch den
Unwissenden spielen! Tun Sie mal nicht so! Sie wissen ganz genau, dass Sie

30 auf meinem Platz sitzen! Ich habe reserviert!"
Ach so, darum geht es. Woher soll ich das denn wissen? Das hätte er auch
gleich sagen können.
Und zwar in aller Ruhe. Ist doch kein Grund, so rumzuschreien.

„Oh, Entschuldigung!", sage ich und stehe auf. „Das wusste ich nicht."

35 „Ja, ja, von wegen!", motzt er weiter und zeigt auf ein kleines Schildchen neben dem Sitz. „Da steht es doch ganz deutlich!"

Ich werfe einen Blick darauf. Tatsache. Da steht, dass dieser Platz reserviert ist.

„Entschuldigung", wiederhole ich, während ich meine Tasche aus der
40 Ablage ziehe. „Das wusste ich wirklich nicht. Ich fahre heute zum ersten Mal ICE."

„Ach, sparen Sie sich Ihre faulen Ausreden!", drückt er sich rabiat[2] an mir vorbei auf seinen Sitz, während der Zug wieder anfährt. „Diese Generation hat einfach vor nichts mehr Respekt, so ist es doch! Eine Bande von Rüpeln,
45 allesamt!"

Okay, das reicht. Ich habe mich zweimal in aller Form entschuldigt und er kackt mich immer noch an? Was ist nur los mit den Leuten in diesem Zug? Erst die Blumenstrauß-Zicke und jetzt dieser frustrierte alte Sack. Ist das nur Zufall oder macht Zugfahren irgendwie aggressiv?

50 „Also", sage ich und knalle meine Tasche vor ihm auf den Tisch. „Der einzige Rüpel, den ich hier sehe, sind Sie. Hätten Sie mich in aller Ruhe und mit der unter zivilisierten Menschen üblichen Höflichkeit darauf hingewiesen, dass ich auf Ihrem Platz sitze, könnte ich jetzt eventuell so etwas wie Respekt für Sie empfinden. Aber Respekt kriegt man nicht
55 automatisch zum sechzigsten Geburtstag, den muss man sich verdienen. Und das Einzige, was Sie verdient haben, ist die Hämorriden-Kolonie[3], die in Ihrem reservierten Hintern[4] hoffentlich für den Rest der Fahrt eine wilde Party feiern wird. Schönen Tag noch."

Der Kerl guckt mich an, als wollte er etwas sagen, aber es scheint ihm keine
60 passende Antwort einzufallen, sehr gut. Um mich herum ertönt Applaus von einigen Sitzen. Hey, coole Sache! Gut zu wissen, dass es auch normale Menschen in diesem Zug gibt.

Ich schultere meine Tasche, verbeuge mich noch breit grinsend vor den Applaudierenden und ziehe los in Richtung des nächsten Wagens.

[Aus: Jochen Till, Zugeinander, Ravensburg: Ravensburger Buchverlag 2005 (Auszug).]

Worterklärungen
[1] herumkrakeelen: laut streiten (umgangssprachlich)
[2] rabiat: rücksichtslos
[3] die Hämorriden: schmerzhafte Knoten am Darmausgang
[4] der „reservierte Hintern": hier ist gemeint, dass der Sitz für den Hintern des Mannes reserviert ist

Klassenarbeit: Eine Erzählung untersuchen – München-Pasing

Name: _____   Datum: _____

Untersuche die Erzählung „München-Pasing 9:04" von Jochen Till in einem zusammenhängenden Text. Gehe so vor:

a) Formuliere eine Einleitung, in der du **T**itel, **A**utor, **T**extart, **T**hema und **E**rscheinungsjahr
(TATTE) der Erzählung **benennst**.

b) **Gib** den Inhalt der Erzählung mit eigenen Worten **wieder**. Vermeide wörtliche Rede und
schreibe im Präsens.

c) **Beschreibe**, wie es zum Streit zwischen Cartmann und dem Mann kommt. **Nenne**
Textstellen als Beleg.

d) **Erkläre**, wie es dem Autor gelingt, Cartmanns Gedanken und Gefühle anschaulich
darzustellen. Berücksichtige dabei die Erzählweise (mögliche Schwerpunkte: Erzählform,
Erzählhaltung und Wortwahl). Gib Textbelege an.

e) Nach dem Lesen meint eine Schülerin: *„Ich finde, Cartmann war dem Mann gegenüber zu
unhöflich. Gegenüber älteren Menschen sollte man sich grundsätzlich respektvoll verhalten."* **Nimm Stellung** zu dieser Aussage und **begründe** deine Meinung mithilfe des Textes.

---

1 Plane deine Textuntersuchung.

   a) **Erschließe** den Text mit der **Lesemethode für erzählende Texte**.

   b) Lege dir einen Schreibplan an. Orientiere dich an den Teilaufgaben **a) – e)** und trage deine
   Vorarbeiten in den Schreibplan ein.

Teilaufgabe	Arbeitsschritte	meine Ergebnisse in Stichpunkten
a)	Einleitung formulieren	T = … A = … T = … T = … E = …
b)	Inhalt wiedergeben	Cartmann wird im Zug von München nach Berlin unsanft von einem älteren Mann geweckt, auf dessen Platz er versehentlich sitzt. Der Mann …
c)	beschreiben, wie es zum Streit kommt + Textbelege	Cartmann wird von dem Mann unfreundlich geweckt (Z. 2), ist dadurch erst orientierungslos und reagiert nicht sofort (Z. 5, 7). Dies reizt den Mann …
d)	Darstellung von Cartmanns Gedanken und Gefühlen erklären (Erzählform + Erzählhaltung + Wortwahl) + Textbelege	Als Cartmann geweckt wird, möchte er herausfinden, wer dort herumschreit. Er überlegt, was er getan haben könnte, dass der Mann so wütend auf ihn ist … umgangssprachliche Verben: „poltern" (Z. 1), „rumkrakeelen" (Z. 14), „anpflaumen" (Z. 21 …) …; Adjektive: „verkniffen" (Z. 14) …
e)	Stellung nehmen + Textbelege	Die Schülerin sagt, dass … Sie meint mit diesem Satz, dass … Ich finde (nicht) …, denn …

2 Formuliere mithilfe deines Schreibplans einen Textentwurf.

3 Überarbeite deine Textuntersuchung:
   – Überprüfe, ob du alle Teilaufgaben vollständig bearbeitet hast.
   – Überprüfe, ob du deine Ergebnisse durch Textstellen (mit Zeilenangaben) belegt hast.
   – Kontrolliere, ob du das Präsens verwendet und wörtliche Rede vermieden hast.
   – Überprüfe auch Rechtschreibung, Zeichensetzung und Grammatik.

Klassenarbeit: Eine Erzählung untersuchen – München-Pasing

Name: _____ Datum: _____

Untersuche die Erzählung „München-Pasing 9:04" von Jochen Till in einem zusammenhängenden Text. Gehe so vor:

a) Formuliere eine Einleitung, in der du **T**itel, **A**utor, **T**extart, **T**hema und **E**rscheinungsjahr (TATTE) der Erzählung **benennst**.

b) **Gib** den Inhalt der Erzählung mit eigenen Worten **wieder**.

c) **Beschreibe**, wie es zum Streit zwischen Cartmann und dem älteren Mann kommt, und **erläutere**, weshalb Cartmann am Ende der Erzählung mit einem Grinsen im Gesicht fortgeht. **Nenne** Textstellen als Beleg.

d) **Erkläre**, wie es dem Autor gelingt, Cartmanns Gedanken und Gefühle anschaulich darzustellen. Berücksichtige dabei die Erzählweise (mögliche Schwerpunkte: Erzählform, Erzählhaltung und Wortwahl). Gib Textbelege an.

e) In den Zeilen 54–55 sagt Cartmann: *„Aber Respekt kriegt man nicht automatisch zum sechzigsten Geburtstag, den muss man sich verdienen."*
Nimm Stellung zu diesem Zitat und **begründe** deine Meinung mithilfe des Textes.

---

1 Plane deine Textuntersuchung.
a) **Erschließe** den Text mit der **Lesemethode für erzählende Texte**.
b) Lege dir einen Schreibplan an. Orientiere dich an den Teilaufgaben **a) – e)** und trage deine Vorarbeiten in den Schreibplan ein.

2 Formuliere mithilfe deines Schreibplans einen Textentwurf.

3 Überarbeite deine Textuntersuchung:
– Überprüfe, ob du alle Teilaufgaben vollständig bearbeitet hast.
– Überprüfe, ob du deine Ergebnisse durch Textstellen (mit Zeilenangaben) belegt hast.
– Kontrolliere, ob du das Präsens verwendet und wörtliche Rede vermieden hast.
– Überprüfe auch Rechtschreibung, Zeichensetzung und Grammatik.

Eine Erzählung untersuchen – das konntest du

Name: _____   Datum: _____

Inhaltsleistung		
Aufgabe	**Leistung**	**Niveau** **A ☐ B ☐** **Punkte**
1 a) + b)	Du hast deine Textuntersuchung geplant und dazu den **Text erschlossen**, einen **Schreibplan** angelegt und stichpunktartig ausgefüllt.	
2 + 3	Du hast die **Textuntersuchung geschrieben** und **überarbeitet**. Sie erfüllt nun folgende Kriterien: Du hast … – eine **Einleitung** verfasst (**T**itel, **A**utor, **T**extart, **T**hema und Erscheinungsjahr), – den **Inhalt** der Erzählung in eigenen Worten **wiedergegeben**, – die **Aufgaben zur Erzählung** vollständig und inhaltlich richtig bearbeitet und dabei die genannten **Schwerpunkte zur Erzählweise** (Erzählform, Erzählhaltung, sprachliche Gestaltung (Wortwahl, Satzbau, sprachliche Mittel)) berücksichtigt und deine Ergebnisse am Text **belegt**, – *Niveau A:* zu der **Aussage Stellung genommen** und deine Meinung mithilfe des Textes **begründet**, – *Niveau B:* zu dem **Zitat Stellung genommen** und deine Meinung mithilfe des Textes **begründet**.	
	Summe Inhaltsleistung:	

Darstellungsleistung		
Aufgabe	**Leistung**	**Punkte**
2 + 3	Du hast deine Textuntersuchung anhand der Aufgabenstellung **gedanklich klar** strukturiert.	
	Du hast deinen Text klar **strukturiert** und nach jeder Teilaufgabe einen **Absatz** gemacht.	
	Du hast den **Satzbau abwechslungsreich** gestaltet und deine Sätze miteinander verknüpft.	
	Du hast **Zitate** richtig mit **Satzzeichen** gekennzeichnet und zu allen Textbelegen **Zeilenangaben** gemacht.	
	Du hast **im Präsens** formuliert und bei Vorzeitigkeit das **Perfekt** verwendet.	
	Du hast **wörtliche Rede** vermieden.	
	Du hast dich sprachlich richtig ausgedrückt: **Rechtschreibung**, **Zeichensetzung** und **Grammatik**.	
	Summe Darstellungsleistung:	

Insgesamt hast du _____ **von** _____ **möglichen Punkten erreicht.**

Das ergibt die Note: _____

Klassenarbeit: Ein Gedicht untersuchen – Alles kann man nicht sagen

Name: _____   Datum: _____

Alles kann man nicht sagen
Martin Auer, 1986

Wenn man eine Sternschnuppe sieht,
kann man sich etwas wünschen.
Aber man darf es nicht sagen,
weil es sonst nicht in Erfüllung geht.

5 Wenn ich mir wünsche, dass du mich
ganz unerwartet
an dich ziehst und mir über die Haare streichst,
kann ich es nicht sagen.

Wenn ich es sagen würde
10 und du es dann tätest,
wäre es überhaupt nicht,
was ich mir gewünscht habe.

[Aus: Hans-Joachim Gelberg (Hrsg.): Überall und neben dir. Gedichte für Kinder und Erwachsene. Weinhein und Basel: Beltz 1986,
Neuauflage Beltz & Gelberg 2011.]

Klassenarbeit: Ein Gedicht untersuchen – Alles kann man nicht sagen

Name: _____   Datum: _____

Untersuche das Gedicht „Alles kann man nicht sagen" von Martin Auer in einem zusammenhängenden Text. Gehe so vor:
a) **Formuliere** eine Einleitung, in der du Titel, Autor, Textart, Thema und Erscheinungsjahr
   benennst (TATTE).
b) **Fasse** den Inhalt des Gedichts strophenweise in eigenen Worten **zusammen**. Achte darauf,
   dass deutlich wird, worüber das lyrische Ich nachdenkt.
c) **Erläutere** mithilfe der zweiten Strophe, welchen „prickelnden Moment" das lyrische Ich
   herbeisehnt. Gib Textbelege an.
d) **Beschreibe**, wie sich die Gedanken des lyrischen Ichs verändern. Achte dabei auf den
   Aufbau und die sprachliche Gestaltung (mögliche Schwerpunkte: Wortwahl, Anaphern und
   Parallelismen). Belege deine Aussagen am Text.
e) Ein Schüler meint: *„Ich kann das Verhalten des lyrischen Ichs nicht nachvollziehen. Wenn
   man nicht sagt, was man sich wünscht, dann können die anderen es doch gar nicht wissen.
   Deshalb würde ich es einfach sagen."* **Nimm Stellung** zu dieser Aussage und **begründe**
   deine Meinung mithilfe des Gedichts und eigener Erfahrungen.

1 Plane deine Gedichtuntersuchung:
   a) Mache dir klar, was du tun sollst, indem du die Aufgabe oben **erschließt**.
   b) **Erschließe** das Gedicht mit der **Lesemethode für Gedichte**.
   c) Lege dir einen Schreibplan wie unten an. Orientiere dich an den Teilaufgaben a) – e)
      und trage deine Vorarbeiten stichpunktartig in den Schreibplan ein.

Teilaufgabe	Arbeitsschritte	meine Ergebnisse in Stichpunkten
a)	Einleitung formulieren	Titel: ... Autor: ... Textart: ... Thema: Probleme des lyrischen Ichs, über ... Erscheinungsjahr: ...
b)	Inhalt zusammenfassen	1. Str.: lyrisches Ich denkt darüber nach, dass ...
c)	prickelnden Moment erläutern	Das lyrische Ich wünscht sich, dass ...
d)	Veränderung der Gedanken beschreiben	In der ersten Strophe denkt das lyrische Ich allgemein über Wünsche nach. Dann ...
e)	...	...

2 Formuliere mithilfe deines Schreibplans einen Textentwurf.

3 Überarbeite deinen Text mithilfe der folgenden Fragen:
   – Hast du alle Teilaufgaben vollständig bearbeitet?
   – Belegst du deine Ergebnisse durch Textstellen (Zitate und Versangaben)?
   – Verwendest du in der Textuntersuchung das Präsens?
   – Sind Rechtschreibung, Zeichensetzung und Grammatik korrekt?

Klassenarbeit: Ein Gedicht untersuchen – Alles kann man nicht sagen

Name: _____   Datum: _____

Untersuche das Gedicht „Alles kann man nicht sagen" von Martin Auer in einem zusammenhängenden Text. Gehe so vor:

a) Formuliere eine Einleitung, in der du Titel, Autor, Textart, Thema und Erscheinungsjahr **benennst** (TATTE).

b) **Fasse** den Inhalt des Gedichts strophenweise in eigenen Worten **zusammen**. Achte darauf, dass deutlich wird, worüber das lyrische Ich nachdenkt.

c) **Erläutere** mithilfe der zweiten Strophe, welchen „prickelnden Moment" das lyrische Ich herbeisehnt. Gib Textbelege an.

d) **Beschreibe**, wie sich die Gedanken des lyrischen Ichs verändern. Achte dabei auf den Aufbau und die sprachliche Gestaltung (mögliche Schwerpunkte: Wortwahl, Anaphern und Parallelismen). Belege deine Aussagen am Text.

e) Ein Schüler meint: „*Ich kann das Verhalten des lyrischen Ichs nicht nachvollziehen. Wenn man nicht sagt, was man sich wünscht, dann können die anderen es doch gar nicht wissen. Deshalb würde ich es einfach sagen.*" **Nimm Stellung** zu dieser Aussage und **begründe** deine Meinung mithilfe des Gedichts und eigener Erfahrungen.

---

1 Plane deine Gedichtuntersuchung:
   a) Mache dir klar, was du tun sollst, indem du die Aufgabe oben **erschließt**.
   b) **Erschließe** das Gedicht mit der **Lesemethode für Gedichte**.
   c) Lege dir einen Schreibplan an. Orientiere dich an den Teilaufgaben **a) – e)** und trage deine Vorarbeiten stichpunktartig in den Schreibplan ein.

2 Formuliere mithilfe deines Schreibplans einen Textentwurf.

3 Überarbeite deinen Text mithilfe der folgenden Fragen:
   – Hast du alle Teilaufgaben vollständig bearbeitet?
   – Belegst du deine Ergebnisse durch Textstellen (Zitate und Versangaben)?
   – Verwendest du in der Textuntersuchung das Präsens?
   – Sind Rechtschreibung, Zeichensetzung und Grammatik korrekt?

Klassenarbeit: Ein Gedicht untersuchen – Ob ich ihr sag ... ?

Name: _____   Datum: _____

Ob ich ihr sag, dass ich sie mag?
Christine von dem Knesebeck, 1997

Ich mag, wie sie lacht
und wie sie schaut.
Was sie auch macht,
was sie auch tut,
5   ich seh sie an
und mir geht es gut.
Ob ich ihr sag,
dass ich sie mag?

Ich möchte laut singen,
10 ich möchte laut pfeifen,
möchte hoch oben
nach Sternen greifen.
Wär es nicht schön,
zusammen zu sein?
15 Wär es nicht schön,
mit ihr zu gehn?
Ob ich ihr sag,
dass ich sie mag?

Ich möchte laut singen,
20 möchte vor Freude
am liebsten zerspringen.
Wohin ich schau:
Die Welt steht kopf –
alles ist neu.
25 Ob ich ihr sag,
dass ich sie mag?

Ich mag, wie sie lacht
und wie sie schaut,
was sie auch macht,
30 was sie auch tut.
Sie sieht mich an
und ich fühl mich gut.
Wär es nicht schön,
mit ihr zu gehn?
35 Sie sieht mich an
und ich fühl mich gut.

Ob ich ihr sag,
dass ich sie mag?

[Aus: Oder die Entdeckung der Welt, 10. Jahrbuch der Kinderliteratur, hrsg.
von Hans-Joachim Gelberg, Weinheim u. Basel: Beltz & Gelberg Verlag 1997.]

Klassenarbeit: Ein Gedicht untersuchen – Ob ich ihr sag ... ?

Name: _____ Datum: _____

> **Untersuche** das Gedicht „Ob ich ihr sag, dass ich sie mag?" von Christine von dem Knesebeck
> in einem zusammenhängenden Text. Gehe so vor:
> **a)** Formuliere eine Einleitung, in der du Titel, Autor, Textart, Thema und Erscheinungsjahr
>   **benennst** (TATTE).
> **b)** **Fasse** den Inhalt des Gedichts strophenweise in eigenen Worten **zusammen**.
> **c)** **Beschreibe**, wie das Mädchen das lyrische Ich beeinflusst. Gib Textbelege an.
> **d)** **Erkläre**, wie sich die Gefühle des lyrischen Ichs verändern. Berücksichtige hierzu auch den
>   Aufbau und die sprachliche Gestaltung (mögliche Schwerpunkte: Wortwahl, Satzbau,
>   Parallelismen, Wiederholungen). Belege deine Aussagen am Text.
> **e)** Ein Schüler meint nach dem Lesen: *„Ich kann das lyrische Ich nicht verstehen. Man kann
>   doch offen über seine Gefühle reden."* **Nimm Stellung** zu dieser Aussage und **begründe**
>   deine Meinung mithilfe des Gedichts und eigener Erfahrungen.

1 Plane deine Gedichtuntersuchung:
   a) Mache dir klar, was du tun sollst, indem du die Aufgabe oben **erschließt**.
   b) **Erschließe** das Gedicht mit der **Lesemethode für Gedichte**.
   c) Lege dir einen Schreibplan wie unten an. Orientiere dich an den Teilaufgaben **a)** – **e)**
      und trage deine Vorarbeiten stichpunktartig in den Schreibplan ein.

Teilaufgabe	Arbeitsschritte	meine Ergebnisse in Stichpunkten
a)	Einleitung formulieren	Titel: ... Autor: ... Textart: ... Thema: Probleme des lyrischen Ichs, über ... Erscheinungsjahr: ...
b)	Inhalt zusammenfassen	1. Str.: lyrisches Ich mag alles an ihr, ist glücklich, wenn ...
c)	Einfluss des Mädchens auf das lyr. Ich beschreiben	Wenn das lyrische Ich mit dem Mädchen zusammen ist, fühlt es sich ... Es träumt davon, für sie ...
d)	Veränderung der Gedanken erklären	- Frage bleibt immer gleich (V. 7-8, V. 17-18, V. ...) → Unsicherheit des lyrischen Ichs - 2. Str.: Vorstellung der gemeinsamen Zeit, Parallelismus V. 9 + 10 und V. 13-14 + ... - ...
e)	...	...

2 Formuliere mithilfe deines Schreibplans einen Textentwurf.

3 Überarbeite deinen Text mithilfe der folgenden Fragen:
   – Hast du alle Teilaufgaben vollständig bearbeitet?
   – Belegst du deine Ergebnisse durch Textstellen (Zitate und Versangaben)?
   – Verwendest du in der Textuntersuchung das Präsens?
   – Sind Rechtschreibung, Zeichensetzung und Grammatik korrekt?

Klassenarbeit: Ein Gedicht untersuchen – Ob ich ihr sag ... ?

Name: _____   Datum: _____

Untersuche das Gedicht „Ob ich ihr sag, dass ich sie mag?" von Christine von dem Knesebeck in einem zusammenhängenden Text. Gehe so vor:

a) Formuliere eine Einleitung, in der du Titel, Autor, Textart, Thema und Erscheinungsjahr **benennst** (TATTE).

b) **Fasse** den Inhalt des Gedichts strophenweise in eigenen Worten **zusammen**.

c) **Beschreibe**, wie das Mädchen das lyrische Ich beeinflusst. Gib Textbelege an.

d) **Erkläre**, wie sich die Gefühle des lyrischen Ichs verändern. Berücksichtige hierzu auch den Aufbau und die sprachliche Gestaltung (mögliche Schwerpunkte: Wortwahl, Satzbau, Parallelismen, Wiederholungen). Belege deine Aussagen am Text.

e) Ein Schüler meint nach dem Lesen: „*Ich kann das lyrische Ich nicht verstehen. Man kann doch offen über seine Gefühle reden.*" **Nimm Stellung** zu dieser Aussage und **begründe** deine Meinung mithilfe des Gedichts und eigener Erfahrungen.

---

1 Plane deine Gedichtuntersuchung:

   a) Mache dir klar, was du tun sollst, indem du die Aufgabe oben **erschließt**.

   b) **Erschließe** das Gedicht mit der **Lesemethode für Gedichte**.

   c) Lege dir einen Schreibplan. Orientiere dich an den Teilaufgaben a) – e) und trage deine Vorarbeiten stichpunktartig in den Schreibplan ein.

2 Formuliere mithilfe deines Schreibplans einen Textentwurf.

3 Überarbeite deinen Text mithilfe der folgenden Fragen:

   – Hast du alle Teilaufgaben vollständig bearbeitet?

   – Belegst du deine Ergebnisse durch Textstellen (Zitate und Versangaben)?

   – Verwendest du in der Textuntersuchung das Präsens?

   – Sind Rechtschreibung, Zeichensetzung und Grammatik korrekt?

Klassenarbeit: Ein Gedicht untersuchen – Heinrich Heine: *Ohne Titel*

Name: _____   Datum: _____

Heinrich Heine, 1823

Ich steh auf des Berges Spitze,
Und werde sentimental[1].
„Wenn ich ein Vöglein wäre!"
Seufz ich viel tausendmal.

5 Wenn ich eine Schwalbe wäre,
So flög[2] ich zu dir, mein Kind,
Und baute mir mein Nestchen,
Wo deine Fenster sind.

Wenn ich eine Nachtigall wäre,
10 So flög ich zu dir, mein Kind,
Und sänge dir nachts meine Lieder
Herab von der grünen Lind.

Wenn ich ein Gimpel[3] wäre,
So flög ich gleich an dein Herz;
15 Du bist ja hold[4] den Gimpeln,
Und heilest Gimpelschmerz.

[Aus: Heinrich Heine: Buch der Lieder. Unter: http://gutenberg.spiegel.de/buch/buch-der-lieder-9678/110 (05.10.2017).]

Worterklärungen
[1] sentimental: empfindsam; übertrieben gefühlvoll
[2] flög: Konjunktiv II von *fliegen*
[3] der Gimpel: ein Singvogel; aber auch: ein einfältiger, nicht schlauer Mensch
[4] jemandem hold sein: jemanden mögen

Klassenarbeit: Ein Gedicht untersuchen – Heinrich Heine: *Ohne Titel*

Name: _____   Datum: _____

Untersuche das Gedicht von Heinrich Heine in einem zusammenhängenden Text. Gehe so vor:

a) **Formuliere** eine Einleitung, in der du Titel, Autor, Textart, Thema und Erscheinungsjahr **benennst** (TATTE).

b) **Fasse** den Inhalt des Gedichts strophenweise in eigenen Worten **zusammen**. Achte darauf, dass deutlich wird, worüber das lyrische Ich nachdenkt.

c) **Erkläre**, wie sich das lyrische Ich in der letzten Strophe selbst einschätzt. Gib Textbelege an.

d) **Beschreibe**, wie sich die Vorstellungen des lyrischen Ichs verändern. Achte dabei auf den Aufbau und die sprachliche Gestaltung (mögliche Schwerpunkte: Wortwahl, Satzbau und Parallelismen). Belege deine Aussagen am Text.

e) Ein Schüler meint: *„Ich glaube, das lyrische Ich ist gar nicht verliebt. Es sucht nur Hilfe."* **Nimm Stellung** zu dieser Aussage und **begründe** deine Meinung mithilfe des Gedichts und eigener Erfahrungen.

---

1 Plane deine Gedichtuntersuchung:

   a) Mache dir klar, was du tun sollst, indem du die Aufgabe oben **erschließt**.

   b) **Erschließe** das Gedicht mit der **Lesemethode für Gedichte**.

   c) Lege dir einen Schreibplan wie unten an. Orientiere dich an den Teilaufgaben a) – e) und trage deine Vorarbeiten stichpunktartig in den Schreibplan ein.

Teilaufgabe	Arbeitsschritte	meine Ergebnisse in Stichpunkten
a)	Einleitung formulieren	Titel: ... Autor: ... Textart: ... Thema: Wunsch, dem anderen nahe zu sein ... Erscheinungsjahr: ...
b)	Inhalt zusammenfassen	1. Str.: lyrisches Ich sehnt sich danach, bei einem Mädchen zu sein ...
c)	Selbsteinschätzung des lyr. Ichs in der letzten Strophe erklären	Das lyrische Ich stellt sich vor, dass ...
d)	Veränderung der Vorstellungen beschreiben	In der ersten Strophe fühlt sich das lyrische Ich traurig, weil ...
e)	...	...

2 Formuliere mithilfe deines Schreibplans einen Textentwurf.

3 Überarbeite deinen Text mithilfe der folgenden Fragen:
- Hast du alle Teilaufgaben vollständig bearbeitet?
- Belegst du deine Ergebnisse durch Textstellen (Zitate und Versangaben)?
- Verwendest du in der Textuntersuchung das Präsens?
- Sind Rechtschreibung, Zeichensetzung und Grammatik korrekt?

Klassenarbeit: Ein Gedicht untersuchen – Heinrich Heine: *Ohne Titel*

Name: _____   Datum: _____

Untersuche das Gedicht von Heinrich Heine in einem zusammenhängenden Text. Gehe so vor:

a) Formuliere eine Einleitung, in der du Titel, Autor, Textart, Thema und Erscheinungsjahr **benennst** (TATTE).

b) **Fasse** den Inhalt des Gedichts strophenweise in eigenen Worten **zusammen**. Achte darauf, dass deutlich wird, worüber das lyrische Ich nachdenkt.

c) **Erkläre**, wie sich das lyrische Ich in der letzten Strophe selbst einschätzt. Gib Textbelege an.

d) **Beschreibe**, wie sich die Vorstellungen des lyrischen Ichs verändern. Achte dabei auf den Aufbau und die sprachliche Gestaltung (mögliche Schwerpunkte: Wortwahl, Satzbau und Parallelismen). Belege deine Aussagen am Text.

e) Ein Schüler meint: *„Ich glaube, das lyrische Ich ist gar nicht verliebt. Es sucht nur Hilfe."* **Nimm Stellung** zu dieser Aussage und **begründe** deine Meinung mithilfe des Gedichts und eigener Erfahrungen.

---

1 Plane deine Gedichtuntersuchung:
  a) Mache dir klar, was du tun sollst, indem du die Aufgabe oben **erschließt**.
  b) **Erschließe** das Gedicht mit der **Lesemethode für Gedichte**.
  c) Lege dir einen Schreibplan an. Orientiere dich an den Teilaufgaben **a) – e)** und trage deine Vorarbeiten stichpunktartig in den Schreibplan ein.

2 Formuliere mithilfe deines Schreibplans einen Textentwurf.

3 Überarbeite deinen Text mithilfe der folgenden Fragen:
  – Hast du alle Teilaufgaben vollständig bearbeitet?
  – Belegst du deine Ergebnisse durch Textstellen (Zitate und Versangaben)?
  – Verwendest du in der Textuntersuchung das Präsens?
  – Sind Rechtschreibung, Zeichensetzung und Grammatik korrekt?

Ein Gedicht untersuchen – das konntest du

Name: _____　　Datum: _____

Inhaltsleistung		
Aufgabe	**Leistung**	**Niveau** A ☐　B ☐ **Punkte**
1 a) – c)	Du hast deine Gedichtuntersuchung **geplant** und dazu die **Aufgabe erschlossen**, das **Gedicht erschlossen** und einen **Schreibplan** angelegt, in den du deine **Vorarbeiten** zu den Teilaufgaben a) bis e) eingetragen hast.	
2 + 3	Du hast deine **Gedichtuntersuchung geschrieben** und **überarbeitet.** Sie erfüllt nun die folgenden Kriterien: Du hast ... – eine **Einleitung** formuliert, die alle Angaben enthält (**TATTE**), – den **Inhalt** mit eigenen Worten zusammengefasst, – alle **Aufgaben zum Gedicht** inhaltlich richtig und begründet bearbeitet und dabei den **Aufbau** und die **sprachliche Gestaltung** des Gedichts berücksichtigt und **Textbelege** angegeben, – abschließend zur Schüleräußerung **Stellung genommen** und deine Meinung nachvollziehbar durch Textbelege und eigene Erfahrungen **begründet.**	
	Summe Inhaltsleistung:	

Darstellungsleistung		
Aufgabe	**Leistung**	**Punkte**
2 + 3	Du hast deine Gedichtuntersuchung anhand der Aufgabenstellung **gedanklich klar** strukturiert.	
	Du hast deinen Text klar **strukturiert** und nach jeder Teilaufgabe einen **Absatz** gemacht.	
	Du hast den **Satzbau abwechslungsreich** gestaltet und deine **Sätze** miteinander **verknüpft.**	
	Du hast **Zitate** richtig mit **Satzzeichen** gekennzeichnet und **Versangaben** gemacht.	
	Du hast im **Präsens** formuliert und bei Vorzeitigkeit das **Perfekt** verwendet.	
	Du hast dich sprachlich richtig ausgedrückt: **Rechtschreibung, Zeichensetzung** und **Grammatik.**	
	Summe Darstellungsleistung:	

Insgesamt hast du _____ **von** _____ **möglichen Punkten erreicht.**

Das ergibt die Note: _____

Klassenarbeit: Eine Werbeanzeige untersuchen – BZgA

Name: _____   Datum: _____

[Foto: Bundeszentrale für gesundheitliche Aufklärung (BZgA), Köln. Eine Aktion der Bundeszentrale für gesundheitliche Aufklärung gefördert, durch das Bundesministerium für Gesundheit.]

ins·netz·gehen.de
Online sein mit Maß und Spaß.

Die Abwehr **steht** bereit.

Aber Paul **sitzt** lieber am PC.

Und du? Check dich selbst unter
www.ins-netz-gehen.de.

BZgA
Bundeszentrale
für
gesundheitliche
Aufklärung

Werbekampagne: Jugendliche sollen auf Gefahren im Netz aufmerksam gemacht werden
Slogan: ...

Hintergrund: Foto von jugendlichen Fußballspielern ...

Vordergrund: Netz eines Tores

Eyecatcher: Umriss ...

zwei Textkästen ...

fett gedruckte Verben drücken Gegensatz aus: „stehen" – „sitzen"

Headline → direkte Frage

Hinweis zu den Farben der Anzeige: Hintergrund zu „netz" und Silhouette pink, andere Hintergründe zu Wörtern/Texten hellgrün; Hintergrund des BZgA-Logos hellgrau

---

Untersuche die Werbeanzeige. Schreibe deine Untersuchung in einem zusammenhängenden Text auf. Gehe dabei so vor:

a) Formuliere eine Einleitung, in der du die Idee und die Organisation **benennst**.

b) **Beschreibe** das Layout der Anzeige genau. **Benenne** dazu die einzelnen Elemente (Bild und Text) und **erkläre**, wie sie auf den Betrachter wirken.

c) **Beschreibe** die sprachliche Gestaltung der Textelemente (Produktname / Idee, Headline, Slogan) und **erkläre** ihre Wirkung.

d) **Erläutere** anhand deiner Untersuchungsergebnisse die Werbebotschaft und **schlussfolgere**, welche Zielgruppe sich von der Anzeige angesprochen fühlen könnte.

e) **Nimm Stellung** dazu, ob die Anzeige die Zielgruppe anspricht.

---

1 Plane deine Untersuchung:

    a) Mache dir klar, was du tun sollst, indem du die Aufgabe oben **erschließt**.

    b) **Untersuche** und **erschließe** die Werbeanzeige und schreibe deine Notizen an den Rand.

    c) Lege dir einen Schreibplan wie unten an. Orientiere dich dazu an den Teilaufgaben **a)** bis **e)** und trage deine Vorarbeiten ein.

Teilaufgabe	Arbeitsschritt	meine Ergebnisse in Stichpunkten
a)	Einleitung: Idee, Organisation	- Werbekampagne der BZgA (Bundeszentrale für gesundheitliche Aufklärung): Jugendliche sollen auf Gefahren im Netz aufmerksam gemacht werden
b)	Layout: Aufteilung, Eyecatcher, Bild- und Textelemente + Wirkung	- ganzseitiges Hintergrundfoto von jugendlichen Fußballspielern beim Spiel - im Vordergrund das Netz eines Tores → Betrachter blickt durch dieses Netz von hinten auf die Abwehr, die bereit ist (= aktiv) - Eyecatcher ist der Umriss eines weiteren Spielers, der eher unbeteiligt dabei steht (= passiv) - zwei Textkästen ... - oben rechts Internetadresse und Slogan ... - unten links ...
c)	sprachliche Gestaltung der Textelemente + Wirkung	- Slogan: enthält Reim → ist einprägsam - Headline: richtet direkte Frage an den Betrachter → ... - Internetadresse zur Werbekampagne: zweimal vorhanden → ... - Textkästen: fett gedruckte Verben ...
d)	...	- Anzeige ist an Jugendliche gerichtet, die (viel) Zeit im Internet verbringen ...
e)	...	- ...

2 **Verfasse** mithilfe deines Schreibplans einen Textentwurf. Nutze diese Formulierungshilfen:

Zu a): Mit der mir vorliegenden Anzeige wird für die Werbekampagne „ins-netz-gehen.de"
geworben, die die BZgA (Bundeszentrale für gesundheitliche Aufklärung) durchführt. Mit
dieser Werbekampagne sollen Jugendliche ...

Zu b): Das Layout der Anzeige besteht aus einem ganzseitigen Hintergrundfoto von
jugendlichen Fußballspielern beim Spiel. Im Vordergrund sieht man das Netz eines Tores.
Der Betrachter blickt sozusagen hindurch und sieht die Abwehr von hinten, die bereit ist,
das Tor zu verteidigen. Die Abwehrspieler wirken aktiv. Der Eyecatcher ist der Umriss eines
weiteren Spielers, der ... Er wirkt eher ... Zwei Textkästen ... Oben rechts ... Am unteren
Bildrand ...

Zu c): Die Textelemente der Anzeige bestehen einerseits aus dem Slogan, der ...
Unten links ... Die Internetadresse ... In den Textkästen fallen die fett gedruckten Verben
auf, denn ...

Zu d): Die Werbebotschaft besteht darin, Jugendliche ... Die Anzeige richtet sich an
Jugendliche, die (viel) Zeit im Internet verbringen ... Somit soll die Gestaltung ... ansprechen,
weil ...

Zu e): Meiner Ansicht nach eignet sich die Anzeige (nicht), die Zielgruppe anzusprechen,
denn ... Deshalb finde ich, dass ...

3 Überarbeite deinen Entwurf mithilfe der folgenden **CHECKLISTE**:
– Sind alle **Teilaufgaben** bearbeitet worden?
– Werden zu Beginn **Produkt / Idee** und **Organisation** vorgestellt?
– Wird die Anzeige **detailliert** beschrieben? Wird erklärt, wie Bild- und Textelemente auf den
Betrachter wirken?
– Wird die **sprachliche Gestaltung** untersucht?
– Werden die **Werbebotschaft** sowie die **Zielgruppe** schlüssig herausgearbeitet?
– Wird **Stellung** dazu **genommen**, ob die Zielgruppe angesprochen wird?
– Wird **sachlich** und unter Verwendung von **Fachwörtern** formuliert?
– Wird im **Präsens** geschrieben?
– Ist die Textuntersuchung durch sinnvolle **Absätze** gegliedert?

Klassenarbeit: Eine Werbeanzeige untersuchen – BZgA

Name: _____ Datum: _____

[Foto: Bundeszentrale für gesundheitliche Aufklärung (BZgA), Köln. Eine Aktion der Bundeszentrale für gesundheitliche Aufklärung, gefördert durch das Bundesministerium für Gesundheit.]

ins-netz-gehen.de
Online sein mit Maß und Spaß.

Die Abwehr **steht** bereit.

Aber Paul **sitzt** lieber am PC.

Und du? Check dich selbst unter
www.ins-netz-gehen.de.

BZgA
Bundeszentrale
für
gesundheitliche
Aufklärung

Werbekampagne:
Jugendliche sollen auf
Gefahren im Netz ...

Slogan: ...

Hintergrund: ...

Vordergrund: ...

Eyecatcher: ...

zwei Textkästen ...

Headline ...

Hinweis zu den Farben der Anzeige: Hintergrund zu „netz" und Silhouette pink, andere Hintergründe zu Wörtern/Texten hellgrün; Hintergrund des BZgA-Logos hellgrau

© Westermann Gruppe

Untersuche die Werbeanzeige. Schreibe deine Untersuchung in einem zusammenhängenden Text auf. Gehe dabei so vor:

a) Formuliere eine Einleitung, in der du die Idee und die Organisation **benennst**.

b) **Beschreibe** das Layout der Anzeige genau. **Benenne** dazu die einzelnen Elemente (Bild und Text) und **erkläre**, wie sie zusammenwirken.

c) **Beschreibe** die sprachliche Gestaltung der Textelemente und **erkläre** ihre Wirkung. Ziehe dazu Textbelege heran.

d) **Erläutere** anhand deiner Untersuchungsergebnisse die Werbebotschaft und **schluss-folgere**, an welche Zielgruppe sich die Gestalter richten. Berücksichtige dabei auch, welche Bedürfnisse angesprochen werden.

e) **Nimm Stellung** dazu, ob die angestrebte Werbebotschaft durch Layout und Sprache vermittelt wird und ob sie die Zielgruppe anspricht.

---

1 Plane deine Untersuchung:

a) Mache dir klar, was du tun sollst, indem du die Aufgabe oben **erschließt**.

b) **Untersuche** und **erschließe** die Werbeanzeige und schreibe deine Notizen an den Rand.

c) Lege dir einen Schreibplan an. Orientiere dich dazu an den Teilaufgaben a) – e) und trage deine Vorarbeiten ein. Halte auch Zitate fest, die du für deine Untersuchung nutzen willst.

2 **Verfasse** mithilfe deines Schreibplans einen Textentwurf. Nutze diese Formulierungshilfen:

Zu a): Mit der mir vorliegenden Anzeige wird für die Werbekampagne „ins-netz-gehen.de" geworben, die die BZgA (Bundeszentrale für gesundheitliche Aufklärung) durchführt. Mit dieser Werbekampagne sollen Jugendliche ...

Zu b): Das Layout der Anzeige besteht aus einem ganzseitigen Hintergrundfoto von jugendlichen Fußballspielern beim Spiel. Im Vordergrund sieht man ... Der Betrachter blickt ... Die Abwehrspieler wirken aktiv. Der Eyecatcher ist der Umriss eines weiteren Spielers, der ... Er wirkt eher ... Die Silhouette hat dieselbe Farbe wie der Hintergrund des Wortes „..." ... Der Text in den beiden Textkästen beschreibt die Situation auf dem Spielfeld ... Oben rechts ... Am unteren Bildrand ...

Zu c): Die Textelemente der Anzeige bestehen einerseits aus dem Slogan, der ... Die Headline unten links stellt eine direkte Frage ... („...") Die Internetadresse ... In den Textkästen fallen die fett gedruckten Verben („..." und „...") auf ... Einen Fließtext gibt es nicht ...

Zu d): Die Werbebotschaft besteht darin, Jugendliche ... Die Anzeige richtet sich an Jugendliche, die (viel) Zeit im Internet verbringen ... Somit soll die Gestaltung ... ansprechen, denn es werden insbesondere die Bedürfnisse ... angesprochen ...

Zu e): Meiner Ansicht nach eignet sich die Anzeige (nicht), die angestrebte Werbebotschaft durch Layout und Sprache zu vermitteln, denn ... Somit wird die beabsichtigte Zielgruppe (nicht) angesprochen, weil ... Insgesamt finde ich, dass ...

3 Überarbeite deinen Entwurf mithilfe der folgenden Fragen:

- Hast du alle Punkte deines Schreibplans berücksichtigt?
- Hast du sachlich und unter Verwendung von Fachwörtern formuliert?
- Hast du Zitate als Belege eingefügt und gekennzeichnet?
- Hast du im Präsens geschrieben?
- Hast du deine Untersuchung durch sinnvolle Absätze gegliedert?

Klassenarbeit: Eine Werbeanzeige untersuchen – EDEKA

Name: _____   Datum: _____

Produktabbildung: ...

Obere Bildhälfte: Foto einer Apfelkiste aus Holz (Eyecatcher); Teilsicht: roter Trecker, vermutlich Obstbauer im karierten Hemd, der den Trecker steuert ...

Wir ♥ Lebensmittel.

Untere Bildhälfte: schwarze Tafel mit Holzrahmen; Headline in weißen, fett gedruckten Buchstaben ...

Liebe braucht Nähe. Deshalb kommen unsere Äpfel aus der Region.

Was nahe liegt, ist oft am besten. Daher sparen wir uns bei vielen unserer Apfelsorten die langen Transportwege und sorgen so dafür, dass wir Ihnen unsere Ernte frisch und knackig – wie frisch gepflückt – im Markt anbieten können. Denn je kürzer die Wege ausfallen, desto mehr Zeit haben unsere Äpfel, in aller Ruhe zu reifen. Beste Qualität kommt bei uns schließlich nicht von ungefähr – sondern aus der Region. Der schnellste Weg zu weiteren Infos: **edeka.de/regional**

Wir ♥ Lebensmittel.

E EDEKA

[Foto: EDEKA, Hamburg]

Hinweis zu den Farben der Anzeige: Die Äpfel sind rot und gelb, die Blätter grün, der Trecker rot.

Untersuche die Werbeanzeige. Schreibe deine Untersuchung in einem zusammenhängenden Text auf. Gehe dabei so vor:
a) Formuliere eine Einleitung, in der du das Produkt und die Firma **benennst**.
b) **Beschreibe** das Layout der Anzeige genau. **Benenne** dazu die einzelnen Elemente (Bild und Text) und **erkläre**, wie sie auf den Betrachter wirken.
c) **Beschreibe** die sprachliche Gestaltung der Textelemente (Headline, Slogan, Fließtext) und **erkläre** ihre Wirkung.
d) **Erläutere** anhand deiner Untersuchungsergebnisse die Werbebotschaft und **schluss-folgere**, welche Zielgruppe sich von der Anzeige angesprochen fühlen könnte.
e) **Nimm Stellung** dazu, ob die Anzeige die Zielgruppe anspricht.

1 Plane deine Untersuchung:
   a) Mache dir klar, was du tun sollst, indem du die Aufgabe oben **erschließt**.
   b) **Untersuche** und **erschließe** die Werbeanzeige und schreibe deine Notizen an den Rand.
   c) Lege dir einen Schreibplan wie unten an. Orientiere dich dazu an den Teilaufgaben **a)** bis
      e) und trage deine Vorarbeiten ein.

Teil-aufgabe	Arbeitsschritt	meine Ergebnisse in Stichpunkten
a)	Einleitung: Produkt, Firma	Produkt: frische Lebensmittel, insbesondere Äpfel aus regionalem Anbau Firma: …
b)	Layout: Aufteilung, Eyecatcher, Bild- und Textelemente + Wirkung	- grundsätzlich Zweiteilung der Anzeige - obere Bildhälfte: Foto einer Apfelkiste mit reifen Äpfeln in sattem Rot und Gelb, z. T. mit grünen Blättern versehen (= Produktabbildung ist der Eyecatcher), zum Teil erkennbar sind ein roter Trecker, auf dessen rechtem Hinterrad die Holzkiste steht, und vermutlich ein Obstbauer im karierten Hemd, der den Trecker steuert → Obst wirkt frisch und appetitlich - untere Bildhälfte: schwarze Tafel mit Holzrahmen, ist mit weißer Druckschrift beschriftet; enthält Headline (Fettdruck), Informationstext, Slogan (links unten) und … - …
c)	sprachliche Gestaltung der Textelemente + Wirkung	- Slogan „Wir ♥ Lebensmittel" findet sich zweimal → Verknüpfung zwischen Foto (Holzkiste + Tafel) → verstärkt den Eindruck, dass die Firma sich intensiv mit der Auswahl der Produkte auseinandersetzt - Verbindung zu Headline: „Liebe braucht Nähe. Deshalb kommen unsere Äpfel aus der Region" = Hervorhebung, dass … - …
d)	…	- Anzeige ist an Menschen gerichtet, die Wert auf gesunde Ernährung legen und die darauf achten, dass …
e)	…	- …

2 **Verfasse** mithilfe deines Schreibplans einen Textentwurf. Nutze diese Formulierungshilfen:

Zu a): Mit der mir vorliegenden Werbeanzeige wird für die frischen Lebensmittel, insbesondere das Obst, der Firma EDEKA geworben. Abgebildet sind dazu beispielhaft die zum Verkauf stehenden Äpfel aus der Region.

Zu b): Das Layout der Anzeige ist grundsätzlich zweigeteilt. Die obere Bildhälfte besteht aus einer Apfelkiste mit reifen Äpfeln in satten Rot- und Gelbtönen. An den Äpfeln befinden sich zum Teil noch Blätter, was auf Frische hindeutet. Dieses Obst dient als appetitlicher Eyecatcher. Zum Teil noch erkennbar sind ein roter Trecker, auf dessen rechtem Hinterrad die Holzkiste steht, und vermutlich ein Obstbauer ...

Zu c): Die Anzeige enthält verschiedene Textelemente. Der Slogan „Wir ♥ Lebensmittel" findet sich insgesamt zweimal wieder: einmal gedruckt auf der Holzkiste mit den Äpfeln (Foto) und einmal links unten auf der schwazen Tafel. Somit wird eine Verknüpfung zwischen den beiden Teilen der Anzeige hergestellt ...
Die Sprache des Informationstextes ist verständlich und enthält eine direkte Anrede, damit der Betrachter sich deutlich angesprochen fühlt. Es entsteht eine Art Kommunikation zwischen Betrachter und Anbieter ...

Zu d): Die Werbebotschaft besteht darin, dass ... Deshalb richtet sich die Anzeige an Menschen, die Wert auf gesunde Ernährung legen und die darauf achten, dass ... Somit soll die Gestaltung ... ansprechen, denn ...

Zu e): Meiner Ansicht nach eignet sich die Anzeige (nicht), die Zielgruppe anzusprechen, denn .... Deshalb finde ich, dass ...

3 Überarbeite deinen Entwurf mithilfe der folgenden **CHECKLISTE**:
- Sind alle **Teilaufgaben** bearbeitet worden?
- Werden zu Beginn **Produkt** und **Firma** vorgestellt?
- Wird die Anzeige **detailliert** beschrieben? Wird erklärt, wie Bild- und Textelemente auf den Betrachter wirken?
- Wird die **sprachliche Gestaltung** untersucht?
- Werden die **Werbebotschaft** sowie die **Zielgruppe** schlüssig herausgearbeitet?
- Wird **Stellung** dazu **genommen**, ob die Zielgruppe angesprochen wird?
- Wird **sachlich** und unter Verwendung von **Fachwörtern** formuliert?
- Wird im **Präsens** geschrieben?
- Ist die Textuntersuchung durch sinnvolle **Absätze** gegliedert?

Klassenarbeit: Eine Werbeanzeige untersuchen – EDEKA

Name: _____ Datum: _____

Produktabbildung: ...

Obere Bild-
hälfte: Foto
einer Apfelkiste
aus Holz (Eye-
catcher) ...

Wir ♥ Lebensmittel.

Untere Bild-
hälfte: schwar-
ze Tafel mit
Holzrahmen ...

Liebe braucht Nähe. Deshalb kommen unsere Äpfel aus der Region.

Was nahe liegt, ist oft am besten. Daher sparen wir uns bei vielen unserer Apfelsorten die langen Transportwege und sorgen so dafür, dass wir Ihnen unsere Ernte frisch und knackig – wie frisch ge- pflückt – im Markt anbieten können. Denn je kürzer die Wege ausfallen, desto mehr Zeit haben unsere Äpfel, in aller Ruhe zu reifen. Beste Qualität kommt bei uns schließlich nicht von ungefähr – sondern aus der Region. Der schnellste Weg zu weiteren Infos: **edeka.de/regional**

Wir ♥ Lebensmittel.

E
EDEKA

[Foto: EDEKA, Hamburg]

Hinweis zu den Farben der Anzeige: Die Äpfel sind rot und gelb, die Blätter grün, der Trecker rot.

© Westermann Gruppe

> **Untersuche** die Werbeanzeige. Schreibe deine Untersuchung in einem zusammenhängenden Text auf. Gehe dabei so vor:
> a) Formuliere eine Einleitung, in der du das Produkt und die Firma **benennst**.
> b) **Beschreibe** das Layout der Anzeige genau. **Benenne** dazu die einzelnen Elemente (Bild und Text) und **erkläre**, wie sie zusammenwirken.
> c) **Beschreibe** die sprachliche Gestaltung der Textelemente und **erkläre** ihre Wirkung. Ziehe dazu Textbelege heran.
> d) **Erläutere** anhand deiner Untersuchungsergebnisse die Werbebotschaft und **schluss-folgere**, an welche Zielgruppe sich die Gestalter richten. Berücksichtige dabei auch, welche Bedürfnisse angesprochen werden.
> e) **Nimm Stellung** dazu, ob die angestrebte Werbebotschaft durch Layout und Sprache vermittelt wird und ob sie die Zielgruppe anspricht.

1 Plane deine Untersuchung:
  a) Mache dir klar, was du tun sollst, indem du die Aufgabe oben **erschließt**.
  b) **Untersuche** und **erschließe** die Werbeanzeige und schreibe deine Notizen an den Rand.
  c) Lege dir einen Schreibplan an. Orientiere dich dazu an den Teilaufgaben a) bis e) und trage deine Vorarbeiten ein. Halte auch Zitate fest, die du für deine Untersuchung nutzen willst.

2 **Verfasse** mithilfe deines Schreibplans einen Textentwurf. Nutze diese Formulierungshilfen:

Zu a): Mit der mir vorliegenden Werbeanzeige wird für die frischen Lebensmittel, insbesondere das Obst, der Firma EDEKA geworben. Abgebildet sind dazu beispielhaft …

Zu b): Das Layout der Anzeige ist grundsätzlich zweigeteilt. Die obere Bildhälfte besteht aus einer Apfelkiste mit reifen Äpfeln in satten Rot- und Gelbtönen. An den Äpfeln befinden sich zum Teil noch Blätter, was auf Frische hindeutet. Dieses Obst dient als appetitlicher Eyecatcher. Zum Teil noch erkennbar sind ein roter Trecker und …

Zu c): Die Anzeige enthält verschiedene Textelemente. Der Slogan „Wir ♥ Lebensmittel" findet sich insgesamt zweimal wieder: einmal gedruckt auf der Holzkiste mit den Äpfeln (Foto) und einmal links unten auf der schwazen Tafel. Somit wird eine Verknüpfung zwischen den beiden Teilen der Anzeige hergestellt …
Die Sprache des Informationstextes ist verständlich und enthält eine direkte Anrede („…", Z. …), damit …

Zu d): Die Werbebotschaft besteht darin, dass…. Deshalb richtet sich die Anzeige an Menschen, die Wert auf gesunde Ernährung legen und die darauf achten, dass … Somit soll die Gestaltung … erreichen, denn es werden insbesondere die Bedürfnisse … angesprochen …

Zu e): Meiner Ansicht wird die angestrebte Werbebotschaft durch das eingesetzte Layout und die verwendete Sprache (nicht) gut vermittelt, denn … Somit wird die Zielgruppe (nicht) angesprochen, weil ….

3 Überarbeite deinen Entwurf mithilfe der dir bekannten **CHECKLISTE**.

Klassenarbeit: Eine Werbeanzeige untersuchen – REWE

Name: _____   Datum: _____

[Foto: REWE GROUP, Köln (Christian Lohnfink c/o UPFRONT)]

Headline: verschiedene Schriftfarben, -formen und -größen; wirkt wie ein Eyecatcher; durch das Verb „handeln" auf orangem Hintergrund wird dieses besonders betont → Gefühl, Gutes zu tun und umweltbewusst einzukaufen

Informationstext: ...

Logo der Untermarke der Firma REWE: „REWE Bio"

Breite Produktpalette: z. B. Obst, Kräuter ...

Hinweis zu den Farben der Anzeige: Headline: „Grün": hellblaue Schrift, „HANDELN": weiße Schrift auf orangem Hintergrund, „Bunt": gelbe Schrift, „genießen": violette Schrift; Produkte: Die Produkte haben ihre „wirkliche" Farbe, z. B.: Zitrone: gelb, Brot: braun, Kräuter: grün, Beeren auf Joghurtbecher: rot; Hintergrund (Wand und Boden): weiß; Logo der Untermarke: grün/weiß; Logo mit Slogan: weiße Schrift auf rotem Hintergrund

Untersuche die Werbeanzeige. Schreibe deine Untersuchung in einem zusammenhängenden Text auf. Gehe dabei so vor:

a) Formuliere eine Einleitung, in der du das Produkt und die Firma **benennst**.

b) **Beschreibe** das Layout der Anzeige genau. **Benenne** dazu die einzelnen Elemente (Bild und Text) und **erkläre**, wie sie auf den Betrachter wirken.

c) **Beschreibe** die sprachliche Gestaltung der Textelemente (Headline, Slogan, Fließtext) und **erkläre** ihre Wirkung.

d) **Erläutere** anhand deiner Untersuchungsergebnisse die Werbebotschaft und **schluss-folgere**, welche Zielgruppe sich von der Anzeige angesprochen fühlen könnte.

e) **Nimm Stellung** dazu, ob die Anzeige die Zielgruppe anspricht.

1 Plane deine Untersuchung:

    a) Mache dir klar, was du tun sollst, indem du die Aufgabe oben **erschließt**.

    b) **Untersuche** und **erschließe** die Werbeanzeige und schreibe deine Notizen an den Rand.

    c) Lege dir einen Schreibplan wie unten an. Orientiere dich dazu an den Teilaufgaben a) bis e) und trage deine Vorarbeiten ein.

Teil-aufgabe	Arbeitsschritt	meine Ergebnisse in Stichpunkten
a)	Einleitung: Produkt, Firma	Produkt: breite Produktpalette an Lebensmitteln, wie z. B. Obst, Kräuter …, die unter dem zusammenfassenden Begriff „REWE Bio" verkauft werden Firma: …
b)	Layout: Aufteilung, Eyecatcher, Bild- und Textelemente + Wirkung	- Fotocollage auf weißem Hintergrund: weiß verputzte Steinwand, weiß gestrichene Holzbretter als Boden → bunte Produkte (Fotos) und Textelemente heben sich besser ab - im oberen Bildteil ist die Headline der Anzeige dreireihig in verschiedenen Schriftfarben, -formen und -größen abgedruckt → wirkt wie ein Eyecatcher … - Beispiele aus der breiten Angebotspalette werden als Fotos abgedruckt: Zitrone, Basilikum, Chia-Samen … → Wieder-erkennungswert; Logo dieser Produktpalette „REWE Bio" ist auf all diesen Produkten abgedruckt - …
c)	sprachliche Gestaltung der Textelemente + Wirkung	- Headline „Grün handeln. Bunt genießen." → signalisiert die Vielfalt der Produkte, vermittelt beim Kauf Nachhaltigkeit und Umweltbewusstsein: „Grün handeln."; zeigt gleichermaßen Aktivität des Käufers und vermittelt, dass die Produkte hochwertig sind und gut schmecken … - Informationstext: konkretisiert die Anzahl der Produkte (450) und bestätigt den ersten Eindruck aus der Headline: „Qualität und Natürlichkeit" … - …
d)	…	- Anzeige ist an Menschen gerichtet, die sich natürlich, nachhaltig und biologisch wertvoll ernähren wollen …
e)	…	- …

2 **Verfasse** mithilfe deines Schreibplans einen Textentwurf. Nutze diese Formulierungshilfen:

Zu a): Mit der mir vorliegenden Werbeanzeige wird für die breite Produktpalette der Lebensmittel geworben, die unter dem zusammenfassenden Begriff „REWE Bio" von der Lebensmittelkette REWE vertrieben werden.

Zu b): Das Layout der Anzeige besteht aus einer ganzseitigen Fotocollage auf weißem Hintergrund. Dieser wiederum besteht aus einer weiß verputzten Steinwand und einem weiß gestrichenen Holzboden. So werden die Bild- und Textelemente der Anzeige besser hervorgehoben. Im oberen Bildteil ist die Headline der Anzeige dreireihig in verschiedenen Schriftfarben, -formen und -größen abgedruckt. Dadurch wirkt sie wie ein Eyecatcher. Schrift und Farbe unterstreichen die Farbadjektive, die enthalten sind ...

Zu c): Die Textelemente der Anzeige bestehen aus Headline, Logo mit Slogan und Informationstext. Die Headline „Grün handeln. Bunt genießen." enthält einen Parallelismus und signalisiert die Vielfalt der Produkte. Dem Betrachter wird der Eindruck vermittelt, beim Kauf dieser Produkte nachhaltig und umweltbewusst zu handeln und qualitativ hochwertige Lebensmittel zu erwerben ...

Zu d): Die Werbebotschaft besteht darin, zu vermitteln, dass die „REWE Bio"-Produkte vielfältig, hochwertig und schmackhaft sind .... Die Anzeige richtet sich demnach an Menschen, die sich gesund ernähren möchten ... Somit soll die Gestaltung ... ansprechen, denn ...

Zu e): Meiner Ansicht nach eignet sich die Anzeige (nicht), die Zielgruppe anzusprechen, denn .... Deshalb finde ich, dass ...

3 Überarbeite deinen Entwurf mithilfe der folgenden **CHECKLISTE**:
– Sind alle **Teilaufgaben** bearbeitet worden?
– Werden zu Beginn **Produkt** und **Firma** vorgestellt?
– Wird die Anzeige **detailliert** beschrieben? Wird erklärt, wie Bild- und Textelemente auf den Betrachter wirken?
– Wird die **sprachliche Gestaltung** untersucht?
– Werden die **Werbebotschaft** sowie die **Zielgruppe** schlüssig herausgearbeitet?
– Wird **Stellung** dazu **genommen**, ob die Zielgruppe angesprochen wird?
– Wird **sachlich** und unter Verwendung von **Fachwörtern** formuliert?
– Wird im **Präsens** geschrieben?
– Ist die Textuntersuchung durch sinnvolle **Absätze** gegliedert?

Klassenarbeit: Eine Werbeanzeige untersuchen – REWE

Name: _____   Datum: _____

Headline: verschiedene Schriftfarben, -formen und -größen; wirkt wie ein Eye-catcher; durch das Verb „handeln" ...

Informationstext: ...

Logo ...

Bei REWE Bio genießen Sie mit über 450 Produkten Qualität und Natürlichkeit, denn unsere Produkte sind sorgfältig ausgesucht, kontrolliert und ohne unnötige Zusätze. Auch tragen immer mehr der Produkte das Naturland Zeichen für hohe biologische und soziale Standards.

Breite Produktpalette: z. B.

Hinweis zu den Farben der Anzeige: Headline: „Grün": hellblaue Schrift, „HANDELN": weiße Schrift auf orangem Hintergrund, „Bunt": gelbe Schrift, „genießen": violette Schrift; Produkte: Die Produkte haben ihre „wirkliche" Farbe, z. B.: Zitrone: gelb, Brot: braun, Kräuter: grün, Beeren auf Joghurtbecher: rot; Hintergrund (Wand und Boden): weiß; Logo der Untermarke: grün/weiß; Logo mit Slogan: weiße Schrift auf rotem Hintergrund

> **Untersuche** die Werbeanzeige. Schreibe deine Untersuchung in einem zusammenhängenden Text auf. Gehe dabei so vor:
> a) Formuliere eine Einleitung, in der du das Produkt und die Firma **benennst**.
> b) **Beschreibe** das Layout der Anzeige genau. **Benenne** dazu die einzelnen Elemente (Bild und Text) und **erkläre**, wie sie zusammenwirken.
> c) **Beschreibe** die sprachliche Gestaltung der Textelemente und **erkläre** ihre Wirkung. Ziehe dazu Textbelege heran.
> d) **Erläutere** anhand deiner Untersuchungsergebnisse die Werbebotschaft und **schluss-folgere**, an welche Zielgruppe sich die Gestalter richten. Berücksichtige dabei auch, welche Bedürfnisse angesprochen werden.
> e) **Nimm Stellung** dazu, ob die angestrebte Werbebotschaft durch Layout und Sprache vermittelt wird und ob sie die Zielgruppe anspricht.

1 Plane deine Untersuchung:
   a) Mache dir klar, was du tun sollst, indem du die Aufgabe oben **erschließt**.
   b) **Untersuche** und **erschließe** die Werbeanzeige und schreibe deine Notizen an den Rand.
   c) Lege dir einen Schreibplan an. Orientiere dich dazu an den Teilaufgaben a) bis e) und trage deine Vorarbeiten ein. Halte auch Zitate fest, die du für deine Untersuchung nutzen willst.

2 **Verfasse** mithilfe deines Schreibplans einen Textentwurf. Nutze diese Formulierungshilfen:

Zu a): Mit der mir vorliegenden Werbeanzeige wird für die breite Produktpalette der Lebensmittel geworben, die unter dem zusammenfassenden Begriff „REWE Bio" von der Lebensmittelkette REWE vertrieben werden.

Zu b): Das Layout der Anzeige besteht aus einer ganzseitigen Fotocollage auf weißem Hintergrund. Dieser wiederum besteht aus einer weiß verputzten Steinwand und einem weiß gestrichenen Holzboden. So werden die Bild- und Textelemente der Anzeige besser hervorgehoben. Im oberen Bildteil ist die Headline der Anzeige dreireihig in verschiedenen Schriftfarben, -formen und -größen abgedruckt. Dadurch wirkt sie ...

Zu c): Die Textelemente der Anzeige bestehen aus Headline, Logo mit Slogan und Informationstext. Die Headline „Grün handeln. Bunt genießen." (Z. ...) enthält einen Parallelismus und signalisiert die Vielfalt der Produkte. Dem Betrachter wird der Eindruck vermittelt, beim Kauf dieser Produkte nachhaltig und umweltbewusst zu handeln und qualitativ hochwertige Lebensmittel zu erwerben ...

Zu d): Die Werbebotschaft besteht darin, zu vermitteln, dass die „REWE Bio"-Produkte vielfältig, hochwertig ... sind ... Die Anzeige richtet sich demnach an Menschen, die ... Somit soll die Gestaltung die Bedürfnisse ... ansprechen, denn ...

Zu e): Meiner Ansicht nach eignet sich die Anzeige (nicht) besonders gut, die beabsichtigte Werbebotschaft zu vermitteln, denn ... Daher wird die Zielgruppe (nicht) treffend angesprochen, weil ...

3 Überarbeite deinen Entwurf mithilfe der dir bekannten **CHECKLISTE**.

Eine Werbeanzeige untersuchen – das konntest du

Name: _____ Datum: _____

Inhaltsleistung

Aufgabe	Leistung	Niveau A ☐ B ☐ Punkte
1 a) – c)	Du hast deine **Textuntersuchung** geplant und dabei: – die **Aufgabe** erschlossen, – die **Werbeanzeige** erschlossen und dabei Notizen zu den Bild- und Textelementen sowie ihrer Wirkung gemacht, – einen **Schreibplan**, orientiert an den Teilaufgaben **a) – e)**, angelegt und deine Vorarbeiten eingetragen.	
2	Du hast die **Einleitung** formuliert und **Produkt** und **Firma** benannt.	
	Du hast das **Layout** der Anzeige genau beschrieben und dabei die einzelnen **Elemente** (Bild- und Textelemente) benannt. *Niveau A:* Du hast erklärt, wie sie **auf den Betrachter wirken**. *Niveau B:* Du hast erklärt, wie sie **zusammenwirken**.	
	Du hast die **sprachliche Gestaltung der Textelemente** (Produktname, Headline, Slogan …) beschrieben und ihre Wirkung erklärt. *Niveau B zusätzlich:* Du hast deine Ergebnisse durch Zitate **belegt**.	
	Du hast anhand deiner Untersuchungsergebnisse die **Werbebotschaft** erläutert und geschlussfolgert, welche **Zielgruppe** sich von der Anzeige angesprochen fühlen könnte. *Niveau B zusätzlich:* Du hast die **Bedürfnisse** einbezogen.	
	Du hast **Stellung** dazu **genommen**, … *Niveau A:* ob die Anzeige die **Zielgruppe** anspricht. *Niveau B:* ob die angestrebte **Werbebotschaft** durch Layout und Sprache vermittelt wird und ob sie die **Zielgruppe** erreicht.	
3	Du hast deine **Textuntersuchung überarbeitet** (Korrekturzeichen) und sie übersichtlich und verständlich, d.h. sachlich, aufgeschrieben. *Niveau B zusätzlich:* Du hast deine Ergebnisse mit Textstellen **belegt**.	
	Summe Inhaltsleistung:	

Darstellungsleistung

Aufgabe	Leistung	Punkte
2 + 3	Du hast deinen Text schlüssig und gedanklich **klar strukturiert**.	
	Du hast deinen Text **geordnet** und **übersichtlich gegliedert**, d.h. nach jeder Teilaufgabe einen **Absatz** gesetzt.	
	Du hast im **Präsens** geschrieben.	
	Du hast den **Satzbau abwechslungsreich** gestaltet und deine **Sätze miteinander verknüpft**.	
	Du hast dich **abwechslungsreich, genau** und **in eigenen Worten** ausgedrückt.	
	Du hast dich sprachlich richtig ausgedrückt: **Rechtschreibung, Zeichensetzung** und **Grammatik**.	
	Summe Darstellungsleistung:	

Insgesamt hast du _____ **von** _____ **möglichen Punkten erreicht.**

Das ergibt die Note: _____

Klassenarbeit: Informationen ermitteln, vergleichen und bewerten

Name: _____ Datum: _____

Material 1: E-Mail des Vereinsvorsitzenden Lukas Schmidt vom TuS Neustadt

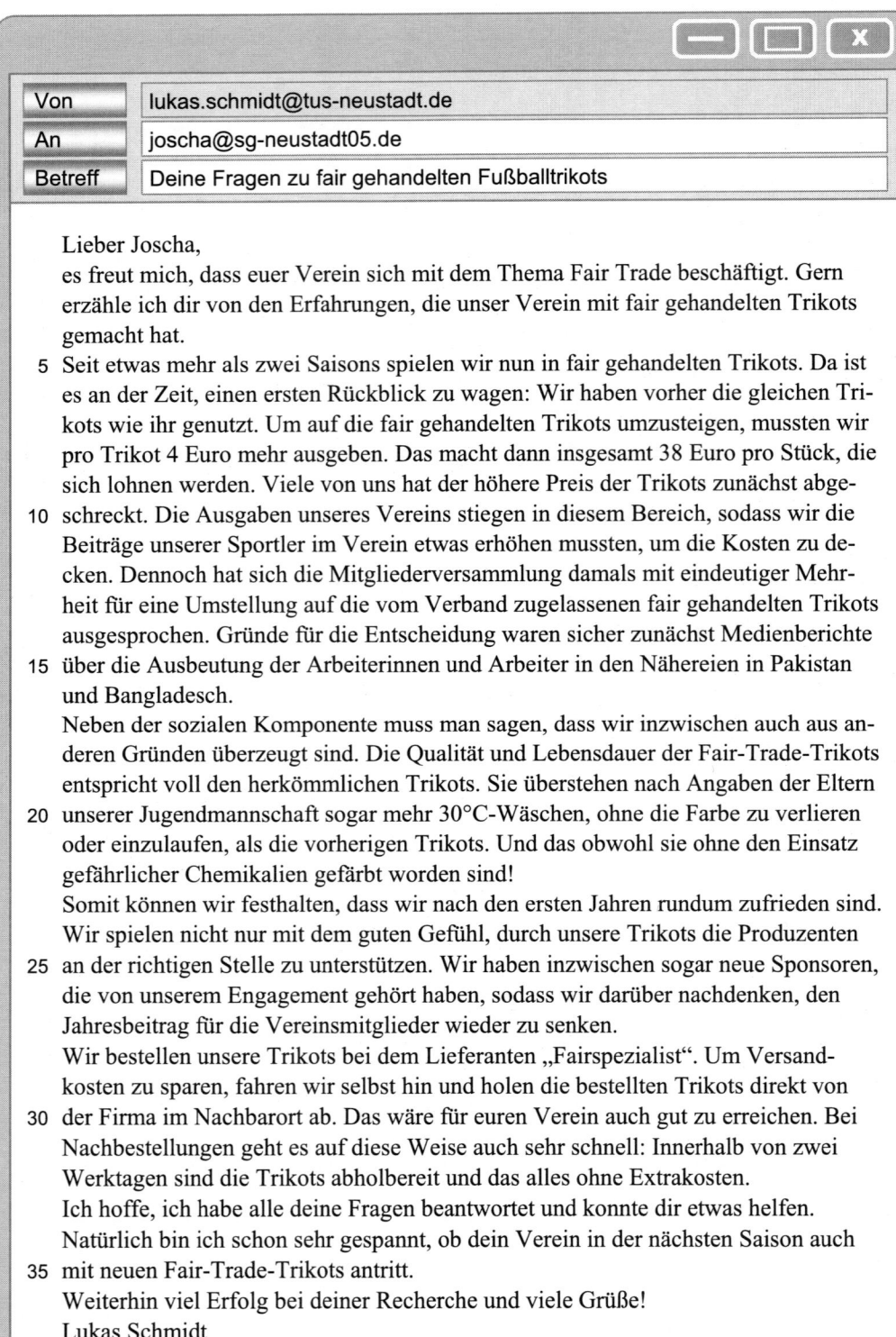

Von	lukas.schmidt@tus-neustadt.de
An	joscha@sg-neustadt05.de
Betreff	Deine Fragen zu fair gehandelten Fußballtrikots

Lieber Joscha,

es freut mich, dass euer Verein sich mit dem Thema Fair Trade beschäftigt. Gern erzähle ich dir von den Erfahrungen, die unser Verein mit fair gehandelten Trikots gemacht hat.

5 Seit etwas mehr als zwei Saisons spielen wir nun in fair gehandelten Trikots. Da ist es an der Zeit, einen ersten Rückblick zu wagen: Wir haben vorher die gleichen Trikots wie ihr genutzt. Um auf die fair gehandelten Trikots umzusteigen, mussten wir pro Trikot 4 Euro mehr ausgeben. Das macht dann insgesamt 38 Euro pro Stück, die sich lohnen werden. Viele von uns hat der höhere Preis der Trikots zunächst abge-

10 schreckt. Die Ausgaben unseres Vereins stiegen in diesem Bereich, sodass wir die Beiträge unserer Sportler im Verein etwas erhöhen mussten, um die Kosten zu decken. Dennoch hat sich die Mitgliederversammlung damals mit eindeutiger Mehrheit für eine Umstellung auf die vom Verband zugelassenen fair gehandelten Trikots ausgesprochen. Gründe für die Entscheidung waren sicher zunächst Medienberichte

15 über die Ausbeutung der Arbeiterinnen und Arbeiter in den Nähereien in Pakistan und Bangladesch.

Neben der sozialen Komponente muss man sagen, dass wir inzwischen auch aus anderen Gründen überzeugt sind. Die Qualität und Lebensdauer der Fair-Trade-Trikots entspricht voll den herkömmlichen Trikots. Sie überstehen nach Angaben der Eltern

20 unserer Jugendmannschaft sogar mehr 30°C-Wäschen, ohne die Farbe zu verlieren oder einzulaufen, als die vorherigen Trikots. Und das obwohl sie ohne den Einsatz gefährlicher Chemikalien gefärbt worden sind!

Somit können wir festhalten, dass wir nach den ersten Jahren rundum zufrieden sind. Wir spielen nicht nur mit dem guten Gefühl, durch unsere Trikots die Produzenten

25 an der richtigen Stelle zu unterstützen. Wir haben inzwischen sogar neue Sponsoren, die von unserem Engagement gehört haben, sodass wir darüber nachdenken, den Jahresbeitrag für die Vereinsmitglieder wieder zu senken.

Wir bestellen unsere Trikots bei dem Lieferanten „Fairspezialist". Um Versandkosten zu sparen, fahren wir selbst hin und holen die bestellten Trikots direkt von

30 der Firma im Nachbarort ab. Das wäre für euren Verein auch gut zu erreichen. Bei Nachbestellungen geht es auf diese Weise auch sehr schnell: Innerhalb von zwei Werktagen sind die Trikots abholbereit und das alles ohne Extrakosten.

Ich hoffe, ich habe alle deine Fragen beantwortet und konnte dir etwas helfen. Natürlich bin ich schon sehr gespannt, ob dein Verein in der nächsten Saison auch

35 mit neuen Fair-Trade-Trikots antritt.

Weiterhin viel Erfolg bei deiner Recherche und viele Grüße!

Lukas Schmidt

Material 2: Werbeanzeige der Firma *„sportlich, schick und fair"*

Fairer Fußball im fairen Trikot – mit Trikots von

★ sportlich, schick und fair ★

Ausgezeichnet als
Fair-Trade-Trikot des Jahres ★

★ Lieferzeit: 10 Werktage

★ Lieferung: Paketdienst (6,95 €)

Alle Trikots werden für
Ihren Verein personalisiert:
Aufdrucke im Preis inbegriffen! ★

Alle Trikots bis zu
30 Grad C waschbar ★

★ In 12 Farben verfügbar

37 € pro Stück
(bei 10 oder mehr Trikots) ★

Angenehmer Tragekomfort
★ durch genaue Passform und
schweißableitendes Material

★

Nachbestellung von einzelnen Trikots:
Aufschlag von 2 € pro Trikot

Klassenarbeit: Informationen ermitteln, vergleichen und bewerten

Name: _____ Datum: _____

Der Fußballverein SG Neustadt 05 möchte ab der kommenden Saison in fair gehandelten Trikots spielen. Joscha hat den Auftrag bekommen, ein günstiges Angebot zu recherchieren. Dabei muss er auf Folgendes achten:
– Die Qualität der fair gehandelten Trikots muss gut sein.
– Die Fair-Trade-Trikots sollten, wie die bisherigen Trikots, bei 30 Grad C waschbar sein.
– Der Verein sollte nicht mehr als 3 Euro Mehrkosten pro fair gehandeltes Trikot bereitstellen müssen. Die bisherigen Trikots haben einen Stückpreis von 34 Euro.
– Es sollten möglichst keine Versandkosten für die Lieferung der Trikots anfallen.

Untersuche die Materialien M1 und M2 und **vergleiche** die darin enthaltenen Informationen in einem zusammenhängenden Text. Bearbeite dazu folgende Teilaufgaben:
a) **Benenne** das Anliegen des Vereins und die Bedingungen, die an das neue Vereinstrikot gestellt werden.
b) **Stelle dar**, aus welchen Materialien sich Joscha Informationen beschafft (TATTE).
c) **Fasse** die Informationen, die Joscha in der E-Mail (M1) bekommt, **zusammen**. **Benenne** die Kosten und Qualitätsmerkmale der Trikots.
d) **Gib** das Angebot der Firma „sportlich, schick und fair" (M2) **wieder**. **Benenne** die Kosten für die Trikots sowie Qualitätsmerkmale, die für Joschas Verein wichtig sind.
e) **Vergleiche** die Informationen aus den Materialien M1 und M2 und **schlussfolgere**, welches Angebot zum Anliegen des Vereins und den von ihm gestellten Bedingungen passt.
f) Luca sagt: „*Wenn für Fair-Trade-Trikots die Vereinsbeiträge angehoben werden müssten, treten bestimmt viele Mitglieder aus dem Verein aus.*" **Nimm Stellung** zu der Aussage und **begründe** deinen Standpunkt mithilfe der Materialien.

---

1 Plane deinen Text:
  a) **Erschließe** die Materialien 1 und 2 mithilfe der **Lesemethode für Sachtexte**.
  b) Lies die Aufgabenstellung genau und lege eine Tabelle als Schreibplan an.
     Trage deine Ergebnisse stichpunktartig in die passenden Zeilen ein.

Anliegen: Fair-Trade-Trikot für Fußballer des SG Neustadt 05
Bedingungen:
- gute Qualität
- bei 30 Grad C waschbar
- ...

M1: E-Mail des Vereinsvorsitzenden Lukas Schmidt vom TuS Neustadt	**M2: Werbeanzeige der Firma „sportlich, schick und fair"**
- Fußballer des TuS Neustadt spielen seit 2 Saisons in fair gehandelten Trikots ...	- ausgezeichnet als Fair-Trade-Trikot des Jahres

Schlussfolgerung:
- ...

---

2 **Verfasse** einen Entwurf deines Textes mithilfe deines Schreibplans. Orientiere dich an den Teilaufgaben und mache nach jeder Teilaufgabe einen Absatz.

3 Überarbeite deinen Text, wenn nötig:
  – Überprüfe, ob du alle Teilaufgaben vollständig bearbeitet hast.
  – Kontrolliere Rechtschreibung, Zeichensetzung und Grammatik.

© Westermann Gruppe

Klassenarbeit: Informationen ermitteln, vergleichen und bewerten

Name: _____   Datum: _____

Der Fußballverein SG Neustadt 05 möchte ab der kommenden Saison in fair gehandelten Trikots spielen. Joscha hat den Auftrag bekommen, ein günstiges Angebot zu recherchieren.
Dabei muss er auf die Qualität der fair gehandelten Trikots achten, denn diese sollte gut sein. Außerdem sollten die Trikots, wie die bisherigen, bei 30 Grad C waschbar sein.
Der Verein sollte möglichst nicht mehr als 3 Euro Mehrkosten pro fair gehandeltes Trikot bereitstellen müssen. Die bisherigen Trikots haben einen Stückpreis von 34 Euro. Um die Kosten gering zu halten, sollten keine weiteren Kosten entstehen, weder für den Versand noch beim Nachbestellen einzelner Trikots.

Untersuche die Materialien M1 und M2 und **vergleiche** die darin enthaltenen Informationen in einem zusammenhängenden Text. Bearbeite dazu folgende Teilaufgaben:

a) **Benenne** das Anliegen des Vereins und die Bedingungen, die an das neue Vereinstrikot gestellt werden.

b) **Stelle dar**, aus welchen Materialien sich Joscha Informationen beschafft (TATTE).

c) **Fasse** die Informationen, die Joscha in der E-Mail (M1) bekommt, **zusammen**.
   Benenne die Kosten und Qualitätsmerkmale der Trikots.

d) **Gib** das Angebot der Firma „sportlich, schick und fair" (M2) **wieder**. **Benenne** die Kosten für die Trikots sowie Qualitätsmerkmale, die für Joschas Verein wichtig sind.

e) **Vergleiche** die Informationen aus den Materialien M1 und M2 und **schlussfolgere**, welches Angebot zum Anliegen des Vereins und den von ihm gestellten Bedingungen passt.
   Erläutere deine Schlussfolgerungen, indem du dich auf die Materialien beziehst.

f) Luca sagt: „*Wenn für Fair-Trade-Trikots die Vereinsbeiträge angehoben werden müssten, treten bestimmt viele Mitglieder aus dem Verein aus.*" **Nimm Stellung** zu der Aussage und **begründe** deinen Standpunkt mithilfe der Materialien.

---

1 Plane deinen Text:
   a) **Erschließe** die Materialien 1 und 2 mithilfe der **Lesemethode für Sachtexte**.
   b) Lies die Aufgabenstellung genau und lege eine Tabelle als Schreibplan an.
      Trage deine Ergebnisse stichpunktartig in die passenden Zeilen ein.

2 **Verfasse** einen Entwurf deines Textes mithilfe deines Schreibplans.

3 Überarbeite deinen Text, wenn nötig:
   – Überprüfe, ob du alle Teilaufgaben vollständig bearbeitet hast.
   – Kontrolliere Rechtschreibung, Zeichensetzung und Grammatik.

Klassenarbeit: Informationen ermitteln, vergleichen und bewerten

Name: _____   Datum: _____

Material 1: Gespräch mit Minas Cousin Emil

Mina: Emil, du guckst doch auch gerne Serien und Filme. Welchen Anbieter kannst du mir empfehlen?
Emil: Ich habe momentan „TV for you". Ich bin davon total begeistert. Es lässt sich sehr einfach bedienen und bietet eine gute Auswahl an Filmen und Serien. Leider ist meine Lieblingsserie zur Zeit noch nicht im Angebot. Da muss ich wohl noch drauf warten.
5 **Mina:** Das ist ja ärgerlich. Wenn ich erst einmal eine Serie für mich entdeckt habe, dann finde ich es blöd, wenn man ewig auf die nächste Staffel warten muss.
Emil: Für mich ist das kein Problem. Das Angebot kostet nur 5 Euro pro Monat. Bei diesen Kosten warte ich gerne darauf, dass die Serien bei „TV for you" verfügbar werden.
Mina: Oh! Das ist günstig. Kannst du denn auch Filme oder Serien herunterladen, sodass du zum Beispiel
10 im Urlaub Serien gucken kannst, wenn du gerade keine Internetverbindung hast?
Emil: Nein, das geht leider nicht. Wenn du das auch noch möchtest, dann zahlst du bei „TV fou you" 7,99 Euro. Das ist, glaube ich, etwas günstiger als bei „FSZ – Film-Serien-Zeit". „TV for you" hat nicht so viele Filme und Serien im Angebot und ist deswegen auch günstiger.
Mina: Wie ist es denn mit der Kündigungsfrist?
15 **Emil:** Du kaufst immer ein Paket für drei Monate. Wenn du es danach nicht mehr nutzen möchtest, kannst du das Abo ganz einfach kündigen.
Mina: Und in welcher Qualität kannst du die Filme schauen?
Emil: Ich kann alles in HD-Qualität sehen. Wenn du dich dafür entscheidest, das Premium-Angebot zu nehmen, dann geht sogar Ultra-HD-Qualität.
20 **Mina:** Danke für die vielen Infos. Ich werde mir noch die Konditionen für den Streaming-Dienst „FSZ" ansehen, bevor ich mich entscheide.

Material 2: Werbeanzeige des Streaming-Dienstes „Film-Serien-Zeit"

Film-Serien-Zeit
Jetzt anmelden und über 25.000 Filme und Serien genießen!

	Basis	Premium
Preis pro Monat	5,99 €	8,99 €
HD verfügbar	+	+
Ultra-HD verfügbar	-	+
Anzahl der Geräte, auf denen Sie gleichzeitig schauen können	1	3
Unbegrenzter Zugang zu allen Filmen und Serien (auch für den Offline-Modus speicherbar)	-	+
Jederzeit kündbar	+	+
Erster Monat kostenlos	-	+
Keine Werbung	-	+

Klassenarbeit: Informationen ermitteln, vergleichen und bewerten

Name: _____   Datum: _____

Mina ist ein Serien-Fan. Anstatt Serien im Fernsehen zu einer bestimmten Zeit schauen zu müssen, möchte sie sich ein Benutzerkonto bei einem Video-Streaming-Anbieter anlegen. Folgendes ist ihr wichtig:
– Die Kosten dürfen monatlich 8 Euro nicht überschreiten.
– Sie möchte Serien in sehr guter HD-Qualität sehen.
– Sie möchte monatlich kündigen können.
– Der Dienst sollte möglichst viele Serien im Angebot haben.
– Sie möchte auch die Möglichkeit haben, heruntergeladene Videos im Offline-Modus
  zu schauen.

Untersuche die Materialien M1 und M2 und **vergleiche** die darin enthaltenen Informationen in einem zusammenhängenden Text. Bearbeite dazu folgende Teilaufgaben:
a) **Benenne** Minas Anliegen und die Bedingungen, die sie an den Streaming-Dienst stellt.
b) **Stelle dar**, aus welchen Materialien sich Mina Informationen beschafft (TATTE).
c) **Fasse** die Informationen, die Mina im Gespräch mit Emil (M1) bekommt, **zusammen**.
d) **Gib** das Angebot des Streaming-Dienstes „Film-Serien-Zeit" (M2) **wieder**. **Benenne**
   die Kosten, die verfügbaren Video-Qualitäten, die Kündigungs- und Speichermöglichkeiten.
e) **Vergleiche** die Informationen aus den Materialien M1 und M2 und **schlussfolgere**,
   welches Angebot zu Minas Anliegen und den von ihr gestellten Bedingungen passt.
f) Paul sagt: *„Streaming-Dienste sorgen dafür, dass man nur noch vor dem Bildschirm sitzt."*
   Nimm Stellung zu der Aussage und **begründe** deinen Standpunkt mithilfe der Materialien.

---

1 Plane deinen Text:
   a) **Erschließe** die Materialien 1 und 2 mithilfe der **Lesemethode für Sachtexte**.
   b) Lies die Aufgabenstellung genau und lege eine Tabelle als Schreibplan an.
      Trage deine Ergebnisse stichpunktartig in die passenden Zeilen ein.

Anliegen: Benutzerkonto bei Video-Streaming-Dienst
Bedingungen:
- monatliche Kosten höchstens 8 €
- HD-Qualität

- ...

M1: Gespräch mit Minas Cousin Emil	**M2: Werbeanzeige des Streaming-Dienstes**
- „TV for you" ist einfach zu bedienen ...	**„FSZ"**
	- ...

Schlussfolgerung:

  - ...

---

2 **Verfasse** einen Entwurf deines Textes mithilfe deines Schreibplans. Orientiere dich an den Teilaufgaben und mache nach jeder Teilaufgabe einen Absatz.

3 Überarbeite deinen Text, wenn nötig:
   – Überprüfe, ob du alle Teilaufgaben vollständig bearbeitet hast.
   – Kontrolliere Rechtschreibung, Zeichensetzung und Grammatik.

Klassenarbeit: Informationen ermitteln, vergleichen und bewerten

Name: _____ Datum: _____

Mina ist ein Serien-Fan und sieht auch andere Filme gerne. Anstatt Filme und Serien im Fernsehen zu einer bestimmten Zeit schauen zu müssen, möchte sie sich ein Benutzerkonto bei einem Video-Streaming-Anbieter anlegen. Die Kosten dafür dürfen aber monatlich 8 Euro nicht überschreiten. Ihr ist es wichtig, dass viele Filme und Serien vom Dienst angeboten werden und dass sie diese in sehr guter HD-Qualität sehen kann. Sie möchte auch die Möglichkeit haben, heruntergeladene Videos im Offline-Modus zu schauen. Außerdem möchte sie den Dienst monatlich kündigen können.

Untersuche die Materialien M1 und M2 und **vergleiche** die darin enthaltenen Informationen in einem zusammenhängenden Text. Bearbeite dazu folgende Teilaufgaben:

a) **Benenne** Minas Anliegen und die Bedingungen, die sie an den Streaming-Dienst stellt.

b) **Stelle dar**, aus welchen Materialien sich Mina Informationen beschafft (TATTE).

c) **Fasse** die Informationen, die Mina im Gespräch mit Emil (M1) bekommt, **zusammen**.

d) **Gib** das Angebot des Streaming-Dienstes „Film-Serien-Zeit" (M2) **wieder. Benenne** die Kosten, die verfügbaren Video-Qualitäten, die Kündigungs- und Speichermöglichkeiten.

e) **Vergleiche** die Informationen aus den Materialien M1 und M2 und **schlussfolgere**, welches Angebot zu Minas Anliegen und den von ihr gestellten Bedingungen passt. **Erläutere** deine Schlussfolgerungen, indem du dich auf die Materialien beziehst.

f) Paul sagt: „*Streaming-Dienste sorgen dafür, dass man nur noch vor dem Bildschirm sitzt.*" **Nimm Stellung** zu der Aussage und **begründe** deinen Standpunkt mithilfe der Materialien.

---

1 Plane deinen Text:

a) **Erschließe** die Materialien 1 und 2 mithilfe der **Lesemethode für Sachtexte**.

b) Lies die Aufgabenstellung genau und lege eine Tabelle als Schreibplan an.
Trage deine Ergebnisse stichpunktartig in die passenden Zeilen ein.

2 **Verfasse** einen Entwurf deines Textes mithilfe deines Schreibplans. Orientiere dich an den Teilaufgaben und mache nach jeder Teilaufgabe einen Absatz.

3 Überarbeite deinen Text, wenn nötig:
– Überprüfe, ob du alle Teilaufgaben vollständig bearbeitet hast.
– Kontrolliere Rechtschreibung, Zeichensetzung und Grammatik.

Informationen ermitteln, vergleichen und bewerten – das konntest du

Name: _____   Datum: _____

Inhaltsleistung		
Aufgabe	**Leistung**	**Niveau** A ☐ B ☐ **Punkte**
1 a) + b)	Du hast **Material 1** und **Material 2 erschlossen** und in einer Tabelle (= einem **Schreibplan**) deine Ergebnisse stichpunktartig notiert.	
2	Du hast deinen vergleichenden Text **geschrieben** und darin … – benannt, welches **Anliegen** vorliegt und welche **Bedingungen** an das Angebot gestellt werden, – dargestellt, welche **Materialien** dir vorliegen, – die **Informationen aus M1** zusammengefasst, – den **Inhalt von M2** wiedergegeben, – die **Inhalte** von M1 und M2 mit dem **Anliegen** und den gestellten **Bedingungen verglichen** und **geschlussfolgert**, welches **Angebot** zu den gestellten Bedingungen passt, – *Niveau B zusätzlich:* Du hast deine **Aussagen** anhand der Materialien **erläutert**, – **Stellung** zu der Aussage eines Schülers / einer Schülerin **genommen** und deine **Meinung** anhand der vorliegenden Materialien **begründet**.	
	Summe Inhaltsleistung:	

Darstellungsleistung		
Aufgabe	**Leistung**	**Punkte**
2 + 3	Du hast deinen **Text** durch Absätze **gegliedert**.	
	Du hast im **Präsens** geschrieben.	
	Du hast **sachlich** geschrieben und **in eigenen Worten** formuliert.	
	Du hast dich sprachlich richtig ausgedrückt: **Rechtschreibung, Zeichensetzung, Grammatik**.	
	Summe Darstellungsleistung:	

Insgesamt hast du _____ von _____ möglichen Punkten erreicht.

Das ergibt die Note: _____

Klassenarbeit: Einen Tagesbericht überarbeiten – Gärtner/in

Name: _____ Datum: _____

der Setzling

das Pflanzholz   der Kleingrubber   das Kleinhäckchen

Uhrzeit Datum:22.4.	Ort der Tätigkeit	Tätigkeiten	Werkzeuge und Materialien
07:00–07:30 Uhr	Büro	Begrüßung durch Herrn Brinkmann (Leiter des Betriebes „Gartenbau Brinkmann") und Frau Werner, Betreuerin, Arbeitskleidung bekommen	Arbeitskleidung: Gummistiefel, Gartenhandschuhe
07:30–08:00 Uhr	Gärtnerei	Rundgang durch die Gärtnerei, alle Gewächshäuser, Blumenbeete, Verkaufsraum	Übersichtsplan der Gärtnerei
08:00–09:30 Uhr	Blumenbeet	Bodenbearbeitung: Erde auflockern, Unkraut jäten, Setzlinge unter Anleitung wässern und ins Beet pflanzen	Spaten, Kleingrubber, Kleinhäckchen, Pflanzholz, Eimer mit Wasser
09:30–10:00 Uhr	Büro	Frühstückspause	
10:00–12:00 Uhr	Gewächshaus und Büro	Bestand der Geranien überprüfen: zählen und Daten in Unterlagen vermerken, Frau Werner zuschauen, wie man eine Bestellung für neue Pflanzen aufgibt	Klemmbrett mit Unterlagen, Stift, PC
12:00–13:00 Uhr	Büro	Mittagspause	
13:00–14:00 Uhr	Verkaufsraum	beim Binden, Anschneiden und Einwickeln von Blumensträußen zuschauen; Gartenschere, Bast und Papier anreichen; dem Auszubildenden Tim beim Verkauf an die Kunden helfen	Schnittblumen, Gartenschere, Bast zum Binden, Einwickelpapier, Klebeetiketten, Kasse
14:00–14:30 Uhr	Büro	Abschlussgespräch mit Herrn Brinkmann und Frau Werner über die Ausbildung zum Gärtner mit Fachrichtung Zierpflanzenbau	

Ein Tag als Gärtner mit Fachrichtung Zierpflanzenbau
Paul H.

Im April 2017 absolvierte ich mein Tagespraktikum als Gärtner im
Betrieb⌐.

⌐ genaues Datum!
⌐ Gartenbau ...

5 Zunächst einmal wurde ich um 7 Uhr morgens von dem Leiter⌐in seinem
Büro begrüst und lernte meine Betreuerin Frau Werner kennen. Frau
Werner machte mit mir einen Rundgang durch die verschiedenen
|Glashäuschen|führte mich durch den Verkaufsraum und zeigte mir die
Blumenbeete. Als Erstes bekam ich als Arbeitskleidung Gummistiefel
10 und Gartenhandschuhe zur Verfügung gestellt, die ich gleich anzog.

⌐, Herrn Brinkmann,
R

|Gewächshäuser| ; Z

Im Anschlus daran half ich ihr beim Einpflanzen von Setzlingen in ein
Blumenbeet. Wir mussten die Erde mit einem Spaten umgraben und mit
einem Kleingrubber auflockern. Man, war das mega anstrengend! Mit
einem|anderen Gerät||holten|wir das Unkraut|heraus|und danach bohrte
15 ich mit einem Ding aus Holz kleine Löcher in den Boden. Frau Werner
erklärte mir, was ich dabei beachten musste: Zuerst mussten die
|kleinen Pflanzen|in einem Eimer gewessert werden, bevor ich sie ins
Beet platzierte.

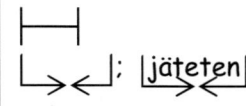
; |jäteten|

; R

Nach der Frühstückspause bekomme ich die Aufgabe,|Blumen|zu zehlen,
20 weil wir den Blumenbestand der Gärtnerei überprüfen wollten. Dabei
ging ich durch das Gewechshaus und notierte meine Ergebnisse auf
einem Klemmbrett. Dann zeigte mir Frau Werner im Büro, wie sie am
Computer eine Bestellung für neue Pflanzen aufgab.

T;

Nach der Mittagspause begleitete ich den Auszubildenden Tim in den
25 Verkaufsraum und schaute ihm bei der Beratung von Kunden zu, die für
verschiedene Anlässe Blumen kaufen wollten. Ich durfte zuschauen, wie
er Schnittblumen mit Bast zusammenband die Stängel kürzte und die
Streusse in Papier machte. Die Werkzeuge und Materialien dafür gab
ich ihm. Das hat mir echt Spaß gemacht.
30 Um 14:30 Uhr gebe ich meine Arbeitskleidung ab und beende das
Tagespraktikum.

1 Überarbeite Pauls Tagesbericht. Gehe so vor:
  a) Plane die Überarbeitung, indem du die Korrekturen am Rand fortsetzt. Nutze dazu die
  Korrekturzeichen. Achte auf die richtige Fachsprache, die richtige zeitliche Reihenfolge
  der Tätigkeiten und die richtigen Angaben im Tagesbericht, z. B. zu Personen, Orten,
  Tätigkeiten. Vergleiche dazu Pauls Tagesbericht mit dem Tagesprotokoll und korrigiere
  den Bericht mithilfe des Protokolls.
  b) Schreibe den überarbeiteten Tagesbericht auf.
  c) Überprüfe deinen Tagesbericht. Achte auf die in Aufgabe 1 **a)** genannten Kriterien, auf
  eine sachliche und genaue Sprache, auf die richtigen Zeitformen der Verben sowie auf
  Rechtschreibung und Zeichensetzung.

Klassenarbeit: Einen Tagesbericht überarbeiten – Gärtner/in

Name: _____   Datum: _____

der Setzling

das Pflanzholz   der Kleingrubber   das Kleinhäckchen

Uhrzeit Datum:22.4.	Ort der Tätigkeit	Tätigkeiten	Werkzeuge und Materialien
07:00–07:30 Uhr	Büro	Begrüßung durch Herrn Brinkmann (Leiter des Betriebes „Gartenbau Brinkmann") und Frau Werner, Betreuerin, Arbeitskleidung bekommen	Arbeitskleidung: Gummistiefel, Gartenhandschuhe
07:30–08:00 Uhr	Gärtnerei	Rundgang durch die Gärtnerei: alle Gewächshäuser, Blumenbeete, Verkaufsraum	Übersichtsplan der Gärtnerei
08:00–09:30 Uhr	Blumen-beet	Bodenbearbeitung: Erde auflockern, Unkraut jäten, Setzlinge unter Anleitung wässern und ins Beet pflanzen	Spaten, Kleingrubber, Kleinhäckchen, Pflanzholz, Eimer mit Wasser
09:30–10:00 Uhr	Büro	Frühstückspause	
10:00–11:00 Uhr	Gewächs-haus	Frau Werner erklärt mir Computerprogramm, mit dem Temperatur, Bewässerung, Düngung und Belichtung im Gewächshaus gesteuert werden	PC, Programm „FlowerTech"
11:00–12:00 Uhr	Gewächs-haus und Büro	Bestand der Geranien überprüfen: zählen und Daten in Unterlagen vermerken, Frau Werner zuschauen, wie man eine Bestellung für neue Pflanzen aufgibt	Klemmbrett mit Unterlagen, Stift, PC
12:00–13:00 Uhr	Büro	Mittagspause	
13:00–14:00 Uhr	Verkaufs-raum	beim Binden, Anschneiden und Einwickeln von Blumensträußen zuschauen; Gartenschere, Bast und Papier anreichen; dem Auszubildenden Tim beim Verkauf an die Kunden helfen	Schnittblumen, Gartenschere, Bast zum Binden, Papier, Klebeetiketten, Kasse
14:00–14:30 Uhr	Büro	Abschlussgespräch mit Herrn Brinkmann und Frau Werner über die Ausbildung des Gärtners mit Fachrichtung Zierpflanzenbau	

© Westermann Gruppe

Ein Tag als Gärtner mit Fachrichtung Zierpflanzenbau
Paul H.
Im April 2017 absolvierte ich mein Tagespraktikum als Gärtner im   genaues Datum!
Betrieb.   ⌐Gartenbau ...
5   Zunächst einmal wurde ich um 7 Uhr morgens von dem Leiter in seinem   ⌐, Herrn Brinkmann,
    Büro begrüst und lernte meine Betreuerin Frau Werner kennen. Frau   R
    Werner machte mit mir einen Rundgang durch die verschiedenen
    Glashäuschen führte mich durch den Verkaufsraum und zeigte mir die   Gewächshäuser ; Z
    Blumenbeete. Als Erstes bekam ich als Arbeitskleidung Gummistiefel
10 und Gartenhandschuhe zur Verfügung gestellt, die ich gleich anzog.
    Im Anschluß daran half ich ihr beim Einpflanzen von Setzlingen in ein
    Blumenbeet. Wir mussten die Erde mit einem Spaten umgraben und mit
    einem Kleingrubber auflockern. Man, war das mega anstrengend! Mit   ⊢⊣
    einem anderen Gerät holten wir das Unkraut heraus und danach bohrte   ⌐>⌐⌐ ; ⌐>⌐⌐
15 ich mit einem Ding aus Holz kleine Löcher in den Boden. Frau Werner
    erklärte mir, was ich beachten musste, bevor ich die kleinen Pflanzen in
    einem Eimer wesserte und ins Beet platzierte.   R
    Nach der Frühstückspause durfte ich ihr zusehen, wie sie mit dem
    Computerprogramm „FlowerTech" die Temperatur im Gewächshaus
20 steuerte. Voll irre! Frau Werner erzählte mir viel über diese moderne
    Technik, die heutzutage für den Gärtnerberuf notwendig ist.
    Dann bekomme ich die Aufgabe, Blumen zu zehlen, weil wir den   T
    Blumenbestand der Gärtnerei überprüfen wollten. Dabei ging ich durch
    das Gewechshaus und notierte meine Ergebnise auf einem Klemmbrett.
25 Dann zeigte mir Frau Werner im Büro, wie sie am Computer eine
    Bestellung für neue Pflanzen aufgab.
    Nach der Mittagspause begleitete ich den Auszubildenden Tim in den
    Verkaufsraum und schaute ihm bei der Beratung von Kunden zu, die für
    verschiedene Anlesse Blumen kaufen wollten. Ich durfte zuschauen, wie
30 er Schnittblumen mit Bast zusammenband die Stängel kürzte und die
    Streusse in Papier machte. Die Werkzeuge und Materialien dafür gab
    ich ihm. Das hat mir echt Spaß gemacht.
    Um 14:30 Uhr gebe ich meine Arbeitskleidung ab verabschiede mich und
    beende das Tagespraktikum.

1 Überarbeite Pauls Tagesbericht. Gehe so vor:
   a) Plane die Überarbeitung, indem du die Korrekturen am Rand fortsetzt. Nutze dazu die
   Korrekturzeichen. Achte auf die richtige Fachsprache, die richtige zeitliche Reihenfolge
   der Tätigkeiten und die richtigen Angaben im Tagesbericht, z. B. zu Personen, Orten,
   Tätigkeiten. Vergleiche dazu Pauls Tagesbericht mit dem Tagesprotokoll und korrigiere
   den Bericht mithilfe des Protokolls.
   b) Schreibe den überarbeiteten Tagesbericht auf.
   c) Überprüfe deinen Tagesbericht und korrigiere ihn, falls nötig.

Klassenarbeit: Einen Tagesbericht überarbeiten – Gestalter/in

Name: _____   Datum: _____

die Skizze

der abgerundete Spachtel   die Skizze   der Zollstock

Uhrzeit Datum: 12.4.	Ort der Tätigkeit	Tätigkeiten	Werkzeuge und Materialien
08:00 Uhr – 08:15 Uhr	Büro	Begrüßung Frau Kramer (meine Betreuerin) im „Kaufhaus Königstraße", Kennenlernen des Deko-Teams	Namensschild „Praktikantin Svenja"
08:15 Uhr – 08:45 Uhr	Kaufhaus	Rundgang durch das Kaufhaus (Verkaufsfläche und Büroräume)	
08:45 Uhr – 09:30 Uhr	Besprechungszimmer	Teambesprechung zur Umgestaltung des Schaufensters zum Thema „Wandern", Chefin Frau Hertel verteilt Aufgaben an die Mitarbeiter	Arbeitspläne
09:30 Uhr – 10:00 Uhr	Pausenraum	Frühstückspause	
10:00 Uhr – 12:30 Uhr	Schaufenster	Schaufenstergestaltung nach einer Skizze: Schaufensterpuppe ankleiden, Waren (Rucksack, Trinkflasche) anordnen, geeignete Kunstpflanzen und Steine auswählen, Licht effektvoll einsetzen, ich darf beim Dekorieren helfen	Schaufensterpuppe, Kleidung, Rucksack, Trinkflasche, Stecknadeln, Kunstpflanzen, Steine, Skizze
12:30 Uhr – 13:30 Uhr	Pausenraum	Mittagspause	
13:30 Uhr – 15:00 Uhr	Werkstatt und Schaufenster	Mit Frau Kramer den Schriftzug „Sommeraktion" für das Schaufenster auf Klebefolie ausschneiden, ich lege ihr die Werkzeuge und die Skizze bereit, wir befestigen ihn zusammen am Schaufensterglas	Klebefolie, Schneideplotter, abgerundeter Spachtel, Zollstock, Skizze
15:00 Uhr – 15:30 Uhr	Büro	Gespräch mit Frau Hertel über den Beruf der Gestalterin, Ausbildungsvoraussetzungen und wichtige Eigenschaften	

Ein Tag als Gestalterin

Svenja B.

Am 12. April 2017 fand mein Tagespraktikum im „Kaufhaus Königstraße"
statt. Um 8 Uhr morgens empfängt mich meine Betreuerin in ihrem
5 Büro, gab mir ein Namensschild und stellte mir das Deko-Team vor.
Im Besprechungszimmer durfte ich bei einer Teambesprechung zur
Umgestaltung des Schaufensters zum Thema „Wandern" dabei sein,
zum Knabbern gab es Schokolade. Die Schefin Frau Hertel verteilte
Arbeitspläne auf denen die Aufgaben der einzelnen Mitarbeiter be-
10 schrieben waren. Nach dem Frühstück konnte es mit dem Schaufenster
losgehen. Das besondere war, dass wir eine Vorlage für die Gestaltung
hatten, nämlich ein Blatt Papier mit Zeichnungen und Notizen auf dem
alles vermerkt war: zum Beispiel, wo was stehen sollte. Zuerst kleideten
wir die Schaufensterpuppe in ein sportliches Wanderoutfit ein. Ich zog
15 das Oberteil fest und Frau Kramer befestigte es am Rücken mit Steck-
nadeln. Anschließend brachten wir die Puppe in eine gute Position. Ein
Techniker des Kaufhauses setzte sie mit dem richtigen Licht effeckt-
voll in Szene.
Am Ende sprach ich mit Frau Hertel über den Beruf der Gestalterin der
20 Eigenschaften wie Kreativität und handwerkliches Geschick voraus-
setzt.
Nach der Mittagspause zeigte mir Frau Kramer in der Werkstatt das
ausschneiden des Schriftzugs „Sommeraktion" auf Klebefolje mithilfe
eines Schneideplotters. Dann gingen wir wieder ins Schaufenster. Zum
25 befestigen des Schriftzugs am Schaufensterglas legte ich ihr Werkzeuge und Skitze bereit, dann maßen wir mit einem Zollstock die richtige Höhe aus. Frau Kramer fängt an, den Schriftzug mit einem seltsam
rund geformten Werkzeug zu befestigen, und ich darf das dann auch
selbst probieren. Ganz schön kniffelig!
30 Um 15:30 Uhr beendete ich mein Tagespraktikum.

Randnotizen:
als Gestalterin
; T; Frau Kramer

; R
Z

R
eine Skizze ; Z

weitere Deko-Gegen-
stände

1 Überarbeite Svenjas Tagesbericht. Gehe so vor:
  a) Plane die Überarbeitung, indem du die Korrekturen am Rand fortsetzt. Nutze dazu die
  Korrekturzeichen. Achte auf die richtige Fachsprache, die richtige zeitliche Reihenfolge
  der Tätigkeiten und die richtigen Angaben im Tagesbericht, z. B. zu Personen, Orten,
  Tätigkeiten. Vergleiche dazu Svenjas Tagesbericht mit dem Tagesprotokoll und korrigiere
  den Bericht mithilfe des Protokolls.
  b) Schreibe den überarbeiteten Tagesbericht auf.
  c) Überprüfe deinen Tagesbericht. Achte auf die in Aufgabe **1** **a)** genannten Kriterien, auf
  eine sachliche und genaue Sprache, auf die richtigen Zeitformen der Verben sowie auf
  Rechtschreibung und Zeichensetzung.

Klassenarbeit: Einen Tagesbericht überarbeiten – Gestalter/in

Name: _____   Datum: _____

Uhrzeit Datum: 12.4.	Ort der Tätigkeit	Tätigkeiten	Werkzeuge und Materialien
08:00 Uhr – 08:15 Uhr	Büro	Begrüßung Frau Kramer (meine Betreuerin) im „Kaufhaus Königstraße", Kennenlernen des Deko-Teams	Namensschild „Praktikantin Svenja"
08:15 Uhr – 08:45 Uhr	Kaufhaus	Rundgang durch das Kaufhaus (Verkaufsfläche und Büroräume)	
08:45 Uhr – 09:15 Uhr	Besprechungszimmer	Teambesprechung zur Umgestaltung des Schaufensters zum Thema „Wandern", Chefin Frau Hertel verteilt Aufgaben an die Mitarbeiter	Arbeitspläne
09:15 Uhr – 09:45 Uhr	Pausenraum	Frühstückspause	
09:45 Uhr – 12:00 Uhr	Schaufenster	Schaufenstergestaltung nach einer Skizze: Schaufensterpuppe ankleiden, Waren (Rucksack, Trinkflasche) anordnen, geeignete Kunstpflanzen und Steine auswählen, Licht effektvoll einsetzen, ich darf beim Dekorieren helfen	Schaufensterpuppe, Kleidung, Rucksack, Trinkflasche, Stecknadeln, Kunstpflanzen, Steine, Skizze
12:00 Uhr – 13:00 Uhr	Pausenraum	Mittagspause	
13:00 Uhr – 14:00 Uhr	Werkstatt und Schaufenster	Mit Frau Kramer den Schriftzug „Sommeraktion" für das Schaufenster auf Klebefolie ausschneiden, ich lege ihr die Werkzeuge und die Skizze bereit, wir befestigen ihn zusammen am Schaufensterglas	Klebefolie, Schneideplotter, abgerundeter Spachtel, Zollstock, Skizze
14:00 Uhr – 15:00 Uhr	Büro	Frau Kramer bei der Erstellung eines Konzepts für die Umgestaltung der Feinkostabteilung zuschauen (Thema „Picknick"), Materialbeschaffung planen, Kostenkalkulation	PC, Telefon, Plan der Feinkostabteilung, Taschenrechner
15:00 Uhr - 15:30 Uhr	Büro	Gespräch mit Frau Hertel über den Beruf der Gestalterin, wichtige Eigenschaften	

Ein Tag als Gestalterin

Svenja B.

Am 12. April 2017 fand mein Tagespraktikum ⌐im „Kaufhaus Königstraße"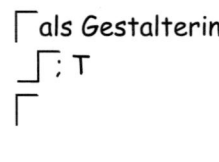

statt.⌐Um 8 Uhr morgens empfängt mich meine Betreuerin in ihrem

5 Büro, gab mir ein Namensschild und stellte mir das Deko-Team vor.⌐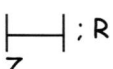

Im Besprechungszimmer durfte ich bei einer Teambesprechung zur

Umgestaltung des Schaufensters zum Thema „Wandern" dabei sein,

zum Knabbern gab es Schokolade. Die Schefin Frau Hertel verteilte

Arbeitspläne auf denen die Aufgaben der einzelnen Mitarbeiter be-

10 schrieben waren. Nach dem Frühstück konnte es mit dem Schaufenster

losgehen. Das besondere war, dass wir als Vorlage für die Gestaltung

ein Blatt Papier mit Zeichnungen und Notizen nahmen auf dem alles

vermerkt war: zum Beispiel, wo was stehen sollte. Zuerst kleideten wir

die Schaufensterpuppe in ein sportliches Wanderoutfit ein. Ich zog das

15 Oberteil fest und Frau Kramer befestigte es am Rücken mit Steck-

nadeln. Anschließend brachten wir die Puppe in eine gute Position. Ein

Techniker des Kaufhauses setzte sie mit dem richtigen Licht effeckt-

voll in Szene.

Nach der Mittagspause zeigte mir Frau Kramer in der Werkstatt das

20 ausschneiden des Schriftzugs „Sommeraktion" auf Klebefolie mithilfe

eines Schneideplotters. Dann gingen wir wieder ins Schaufenster. Zum

befestigen des Schriftzugs am Schaufensterglas legte ich ihr Werk-

zeuge und Skitze bereit, dann maßen wir mit einem Zollstock die richti-

ge Höhe aus. Frau Kramer fängt an, den Schriftzug mit einem seltsam

25 rund geformten Werkzeug zu befestigen, und ich darf das dann auch

selbst probieren. Ganz schön kniffelig!

Am Ende sprach ich mit Frau Hertel über den Beruf der Gestalterin

und wichtige Eigenschaften wie Kreativität und handwerkliches Ge-

schick. Außerdem schaute ich Frau Kramer im Büro beim erstellen eines

30 Konzepts zu das für die Umgestaltung der Feinkostabteilung bestimmt

war. Sie schaut auf den Plan der Abteilung und überlegt, welche Mate-

rialien sie beschaffen müsste, zum Beispiel Picknickkörbe, Pick-

nickdecken und einen Sonnenschirm. Außerdem kallkulierte sie die

Kosten für die Umgestaltung. Sehr interessant!

35 Um 15:30 Uhr beendete ich mein Tagespraktikum.

1 Überarbeite Svenjas Tagesbericht. Gehe so vor:
   a) Plane die Überarbeitung, indem du die Korrekturen am Rand fortsetzt. Nutze dazu die
       Korrekturzeichen. Achte auf die richtige Fachsprache, die richtige zeitliche Reihenfolge
       der Tätigkeiten und die richtigen Angaben im Tagesbericht, z. B. zu Personen, Orten,
       Tätigkeiten. Vergleiche dazu Svenjas Tagesbericht mit dem Tagesprotokoll und korrigiere
       den Bericht mithilfe des Protokolls.
   b) Schreibe den überarbeiteten Tagesbericht auf.
   c) Überprüfe deinen Tagesbericht und korrigiere ihn, falls nötig.

Klassenarbeit: Einen Tagesbericht überarbeiten – Hotelfachmann/-frau

Name: _____   Datum: _____

Uhrzeit Datum: 10.3.	Ort der Tätigkeit	Tätigkeiten	Werkzeuge und Materialien
7:30 Uhr – 8:00 Uhr	Hotellobby und Umkleideraum	Begrüßung im Hotel „Am Holzturm", Kennenlernen Herr Rader, Ausbildungsleiter und mein Betreuer, Arbeitskleidung bekommen und angezogen	Arbeitskleidung: Hose und Weste, Schild „Praktikant Murat"
08:00 Uhr – 08:30 Uhr	Hotel	Rundgang durch das Hotel	
08:30 Uhr – 09:30 Uhr	Lager und Büro	monatliche Erfassung des Lagerbestands von Orangensaft, ich habe Flaschen gezählt und die Daten in Unterlagen notiert, dann in PC eingegeben	Klemmbrett mit Unterlagen, Orangensaftflaschen, PC
09:30 Uhr – 10:00 Uhr	Pausenraum	Frühstückspause	
10:00 Uhr – 10:30 Uhr	Personalraum	Mitarbeiterbesprechung für nächste Veranstaltung: Aufgabenverteilung für Familienfeier am Nachmittag	Notizblock, Stift
10:30 Uhr – 11:30 Uhr	Restaurant	Eindecken der Tische für das Mittagessen mit der Auszubildenden Marie	Rollwagen, Gläser, Besteck, Stoffservietten
11:30 Uhr – 12:30 Uhr	Tagungsraum	Vorbereitung der Familienfeier: Blumen in Vasen gestellt, dekoriert, mit Wasser befüllt und auf den Tischen platziert	Blumengestecke, Vasen, Schleifen
12:30 Uhr – 13:30 Uhr	Pausenraum	Mittagspause	
13:30 Uhr – 14:30 Uhr	Rezeption	Aufnahme von Zimmerreservierungen, Prüfen der Verfügbarkeit und Anmeldung der Gäste durch Herrn Rader beobachtet	PC, Telefon, Zugangskarten für Hotelzimmer
14:30 Uhr – 15:00 Uhr	Personalraum	Gespräch über den Beruf des Hotelfachmanns und Ausbildungsvoraussetzungen	Broschüre über Hotel-Berufe

Ein Tag als Hotelfachmann

Murat K.

Am 10. März 2017 habe ich bei meinem Praktikum den Beruf des Hotelfachmanns kennengelernt. Um 7.30 Uhr morgens latschte ich gähnend in

5   das Hotel und wurde von meinem Ausbildungsleiter Herrn Rader begrüßt.
Er zeigte mir den Umkleideraum damit ich meine Arbeitskleidung (eine
Hose, eine Weste und ein Namensschild) anziehen konnte.
Nachdem wir einen Rundgang durch das Hotel gemacht hatten, kümerten
wir uns um die monatliche Erfassung des Lagerbestands von Orangensaft.

10 Im Lager zähle ich die Flaschen und notiere diese Daten in den Unterlagen auf einem Klemmbrett um sie anschließend in den Computer einzutippen.
Dann durfte ich eine Frühstückspause machen.
Anschließend half ich im Restaurant der Auszubildenden Marie dabei die

15 Tische für das Mitagessen vollzustellen. Wir gingen mit einem Rolwagen
von Tisch zu Tisch. Sie platzierte Gläser und Besteck sorgfältig auf den
Tischen während ich Stoffservietten faltete.
Danach gingen in dem großen Raum mit den vielen Tischen und Stühlen die
Vorbereitungen für die Familienfeier los und ich machte die Blumen in

20 Vasen, voll langweilig.
Hinterher war endlich Mittagspause.
Beim Abschlussgespräch erzählte mir Herr Rader alles über den Beruf
des Hotelfachmanns und die Ausbildungsvorausetzungen. Zusätzlich gab
er mir mit einer Broschüre die Möglichkeit mich über Hotel-Berufe zu

25 informieren.
Dann schaute ich Herrn Rader in einem besonderen Raum bei der Auf-
nahme von Reservierungen und beim Prüfen der Zimmerverfügbarkeit zu.
Beides machte er am PC, die Reservierungen zum Teil auch am Telefon.
Wenn Gäste zur Anmeldung kommen nimmt Herr Rader ihre Namen und

30 Adressen auf und sie erhalten eine Zugangskarte für ihr Hotelzimmer.
Um 15 Uhr konnte ich mich endlich aus dem Staub machen!

Randnotizen:
- im Hotel ... sachlich schreiben!
- die Hotellobby
- Z
- R
- T
- Z
- Nach der Frühstückspause ...
- genauer!

1   Überarbeite Murats Tagesbericht. Gehe so vor:
   a) Plane die Überarbeitung, indem du die Korrekturen am Rand fortsetzt. Nutze dazu die
      Korrekturzeichen. Achte auf die richtige Fachsprache, die richtige zeitliche Reihenfolge
      der Tätigkeiten und die richtigen Angaben im Tagesbericht, z. B. zu Personen, Orten,
      Tätigkeiten. Vergleiche dazu Murats Tagesbericht mit dem Tagesprotokoll und korrigiere
      den Bericht mithilfe des Protokolls.
   b) Schreibe den überarbeiteten Tagesbericht auf.
   c) Überprüfe deinen Tagesbericht. Achte auf die in Aufgabe 1 a) genannten Kriterien, auf
      eine sachliche und genaue Sprache, auf die richtigen Zeitformen der Verben sowie auf
      Rechtschreibung und Zeichensetzung.

Klassenarbeit: Einen Tagesbericht überarbeiten – Hotelfachmann/-frau

Name: _____ Datum: _____

Uhrzeit Datum: 10.3.	Ort der Tätigkeit	Tätigkeiten	Werkzeuge und Materialien
7:00 Uhr – 7:30 Uhr	Hotellobby und Um-kleideraum	Begrüßung im Hotel „Am Holzturm", Ken-nenlernen Herr Rader, Ausbildungsleiter und mein Betreuer, Arbeitskleidung be-kommen und angezogen	Arbeitskleidung: Hose und Weste, Schild „Praktikant Murat"
07:30 Uhr - 08:00 Uhr	Hotel	Rundgang durch das Hotel	
08:00 Uhr – 09:00 Uhr	Lager und Büro	Abteilung F&B (Food & Beverage, dt.: Nahrungsmittel und Getränke): monatliche Erfassung des Lagerbestands von Oran-gensaft: Flaschen gezählt und die Daten in Unterlagen notiert, dann in PC eingegeben	Klemmbrett mit Unterlagen, Orangensaft-flaschen, PC
09:00 Uhr – 09:30 Uhr	Pausen-raum	Frühstückspause	
09:30 Uhr – 10:00 Uhr	Personal-raum	Mitarbeiterbesprechung für nächste Veranstaltung: Aufgabenverteilung für Familienfeier am Nachmittag	Notizblock, Stift
10:00 Uhr - 11:00 Uhr	Hotel-zimmer	Zimmerservice mit der Reinigungskraft Frau Meyer: Betten abziehen und frisch beziehen, Handtücher austauschen	Bettbezug, Bett-laken, Handtücher, Gitterrollwagen
11:00 Uhr – 12:00 Uhr	Restau-rant	Eindecken der Tische für das Mittagessen mit der Auszubildenden Marie	Rollwagen, Gläser, Besteck, Stoff-servietten
12:00 Uhr – 13:00 Uhr	Pausen-raum	Mittagspause	
13:00 Uhr – 13:30 Uhr	Tagungs-raum	Vorbereitung der Familienfeier: Blumen in Vasen gestellt, mit Wasser befüllt, deko-riert und auf den Tischen platziert	Blumengestecke, Vasen, Schleifen
13:30 Uhr – 14:30 Uhr	Rezeption	Aufnahme von Reservierungen, Prüfen der Zimmerverfügbarkeit und Check-In der Gäste durch Herrn Rader beobachtet	PC, Telefon, Zugangskarten für Hotelzimmer
14:30 Uhr - 15:00 Uhr	Personal-raum	Gespräch über den Beruf des Hotelfach-manns und Ausbildungsvoraussetzungen	Broschüre über Hotel-Berufe

© Westermann Gruppe

Ein Tag als Hotelfachmann

Murat K.

Am 10. März 2017 habe ich bei meinem Praktikum ⌐den Beruf des Hotel-
fachmanns kennengelernt. Um 7 Uhr morgens |latschte ich gähnend| in

5 |das Hotel| und wurde von meinem Ausbildungsleiter Herrn Rader begrüßt.
Er zeigte mir den Umkleideraum damit ich meine Arbeitskleidung (eine
Hose, eine Weste und ein Namensschild) anziehen konnte.
Nachdem wir einen Rundgang durch das Hotel gemacht hatten kümerten
wir uns um die monatliche Erfassung des Lagerbestands von Orangensaft

10 für |irgendeine Abteilung.| Im Lager zähle ich die Flaschen und notiere
diese Daten in den Unterlagen auf einem Klemmbrett um sie anschließend
in den Computer einzutippen.
Danach begleitete ich die Reinigungskraft Frau Meyer beim Zimmer-
service. Sie war echt lustig und hat die ganze Zeit gesungen! Mit einer

15 klapperigen Rollkarre gingen wir von Zimmer zu Zimmer, zogen die Betten
ab, bezogen sie neu und tauschten die Handtücher aus. Beim Zimerservice
kam es darauf an sehr ordentlich und gründlich zu arbeiten.
Anschließend half ich im Restaurant der Auszubildenden Marie dabei die
Tische für das Mittagessen vollzustellen. Wir gingen mit einem Rollwagen

20 von Tisch zu Tisch. Sie platzierte Gläser und Besteck sorgfältig auf den
Tischen während ich Stoffservietten faltete.
Nach der Mitagspause gingen in dem großen Raum mit den vielen Tischen
und Stühlen die Vorbereitungen für die Familienfeier los und ich machte
die Blumen in Vasen, voll langweilig.

25 Beim Abschlussgespräch erzählte mir Herr Rader alles über den Beruf
des Hotelfachmanns und die Ausbildungsvorausetzungen. Zusätzlich gab
er mir mit einer Broschüre die Möglichkeit mich über Hotel-Berufe zu
informieren.
Dann schaute ich Herrn Rader in einem besonderen Raum bei der Auf-

30 nahme von Reservierungen und beim Prüfen der Zimmerverfügbarkeit zu.
Beides machte er am PC, die Reservierungen zum Teil auch am Telefon.
Wenn Gäste zur Anmeldung kommen nimmt Herr Rader ihre Namen und
Adressen auf und sie erhalten eine Zugangskarte für ihr Hotelzimmer.
Um 15 Uhr konnte ich mich endlich aus dem Staub machen!

Randnotizen:

⌐im Hotel ...
└→< sachlich schreiben!
|die Hotellobby|
Z

Z; R

|die Abteilung ...| ; T
Z

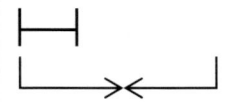

genauer!

---

1 Überarbeite Murats Tagesbericht. Gehe so vor:
   a) Plane die Überarbeitung, indem du die Korrekturen am Rand fortsetzt. Nutze dazu die
      Korrekturzeichen. Achte auf die richtige Fachsprache, die richtige zeitliche Reihenfolge
      der Tätigkeiten und die richtigen Angaben im Tagesbericht, z. B. zu Personen, Orten,
      Tätigkeiten. Vergleiche dazu Murats Tagesbericht mit dem Tagesprotokoll und korrigiere
      den Bericht mithilfe des Protokolls.
   b) Schreibe den überarbeiteten Tagesbericht auf.
   c) Überprüfe deinen Tagesbericht und korrigiere ihn, falls nötig.

Einen Tagesbericht überarbeiten – das konntest du

Name: _____   Datum: _____

Inhaltsleistung		
Aufgabe	**Leistung**	**Niveau** A ☐ B ☐ **Punkte**
1 a)	Du hast deine Überarbeitung **geplant** und dafür die **Korrekturen** am Rand unter Verwendung der **Korrekturzeichen fortgesetzt**.	
1 b) + c)	Du hast den überarbeiteten Tagesbericht **aufgeschrieben** und **überprüft** und dabei mithilfe des Tagesprotokolls … – **Fachsprache** verwendet, – die Tätigkeiten in der **richtigen zeitlichen Reihenfolge** dargestellt, – **Angaben** zu Personen, Orten und Tätigkeiten, falls nötig, **korrigiert** oder **ergänzt**.	
	Summe Inhaltsleistung:	

Darstellungsleistung		
Aufgabe	**Leistung**	**Punkte**
1 b) + c)	Du hast deinen Tagesbericht **schlüssig** und **gedanklich klar** strukturiert.	
	Du hast den Satzbau **abwechslungsreich** gestaltet und deine **Sätze miteinander verknüpft**.	
	Du hast dich **abwechslungsreich** und **genau ausgedrückt**.	
	Du hast **sachlich** formuliert und persönliche **Kommentare vermieden**.	
	Du hast **Fachsprache** verwendet, um Materialien, Werkzeuge, Maschinen, Tätigkeiten ... zu benennen.	
	Du hast im **Präteritum** geschrieben und in bestimmten Fällen das **Präsens** verwendet (z. B. für allgemeingültige Aussagen über den Praktikumsbetrieb).	
	Du hast dich sprachlich richtig ausgedrückt: **Rechtschreibung**, **Zeichensetzung** und **Grammatik**.	
	Summe Darstellungsleistung:	

Insgesamt hast du _____ **von** _____ **möglichen Punkten erreicht.**

Das ergibt die Note: _____

Klassenarbeit: Einen Dialog zu einem literarischen Text schreiben

Name: _____   Datum: _____

Kapitel 9: Matthew (erzählt)

Sam ist bereits nach zwei Tagen an der Bradbury-Hill-Schule der Mittelpunkt der Mädchen – und er scheint das zu genießen.

Sam gefiel seine Rolle als Mädchen so gut, dass wir ihn kaum noch bremsen konnten.
Als wir vier uns am Nachmittag auf den Heimweg machten, ließ er sich lang und breit darüber aus, dass Zia, Charley und Elena super waren, wie anders es war, mit ihnen zu reden, als mit uns.
„Zum Beispiel Gefühle", sagte er plötzlich. „Es ist okay, über das zu reden, was in einem vorgeht. Das
5   hab ich echt gerafft[1]."
„Machen wir doch auch." Jake ging vorneweg, die Hände in den Taschen. „Ich rede die ganze Zeit mit Tyrone über meine Gefühle, stimmt's, Ty?"
„Klar", murmelte Tyrone wenig überzeugend. „Wir sagen uns alles."
„Und Zia – die ist echt ein Ass[2]", fuhr Sam fort. „Ich habe ihr die Namen von einigen Rockbands aus
10   den Sechzigern[3] genannt, die ich mag, und wisst ihr was? Sie kennt Jim Morrison. Sie mag Hendrix.
Sie hat eine CD von den Doors. Ist das nicht cool?"
„Doors?", fragte Jake. „Wer soll denn das sein?"
„Nur die beste Band aller Zeiten", sagte Sam. „Und noch was: Wir haben beschlossen, dass wir in diesem Schuljahr alle ein Tagebuch schreiben", fuhr Sam begeistert fort. „Da schreiben wir alles rein,
15   was passiert, alle unsere Geheimnisse."
„Tagebuch?" Auf Tyrones Gesicht spiegelte sich echter Ekel. „Das ist doch die totale Mädchennummer, Sam."
„Was für Geheimnisse?", fragte ich.
Wir betraten den Park, und aus Sam kam ein Ton, den man nur als Kichern bezeichnen kann. „Oh,
20   zum Beispiel, dass ein gewisser Mark Kramer sich für mich interessiert."
„Kramer? Der Typ aus der Zehnten?", fragte Jake.
„Genau", sagte Sam. „Und es heißt, er ist total scharf auf eine gewisse Sam Lopez. Die anderen Mädchen sind so was von eifersüchtig! Alle wollen Marks Freundin sein, aber er hat nur Augen für mich. So viel zum Thema Liebe."
25   „Sam", sagte ich, so sanft ich konnte. „Sam, er ist ein Junge."
„Falsch", zwitscherte Sam fröhlich. „Er ist ein Bild von einem Mann[4] – der Mann der Zehnten. Mark und Sam. Sam und Mark. Das klingt sogar gut."
„Aber warum willst du mit einem Jungen ausgehen?", fragte Tyrone.
Sam zuckte die Achseln. „Spaß haben. Lachen. Sachen zusammen machen. Und hinterher, wer weiß?"
[...]

[Aus: Terence Blacker: boy2girl, aus dem Englischen von Heike Brandt, © Beltz & Gelberg: Weinheim Basel 2006, S. 115–116.]

Worterklärungen
[1] raffen: verstehen
[2] ein Ass: hier: ein ganz toller Mensch
[3] die Sechziger: die Zeit von 1960–1969
[4] ein Bild von einem Mann: hier: betont, wie gut Mark Kramer aussieht und wie erwachsen/männlich er wirkt

Klassenarbeit: Einen Dialog zu einem literarischen Text schreiben

Name: _____   Datum: _____

Zu Hause telefoniert Matthew mit Tyrone. Er möchte mit ihm über Sams Absicht, Mark Kramer zu treffen, sprechen und von Tyrone wissen, was sie jetzt tun könnten.
Verfasse einen Dialog, wie er zwischen Matthew und Tyrone geführt werden könnte. Achte darauf, dass jede der folgenden Teilaufgaben Gesprächsbeiträge beider Figuren enthält.

a) **Gib** aus *Matthews* Sicht **wieder**, was er an Sam beobachtet hat.
b) **Erläutere** aus *Tyrones* Sicht, was er vom Tagebuchschreiben hält.
c) **Erläutere** aus *Matthews* Sicht, warum er Sam darauf hingewiesen hat, dass Mark ein Junge ist.
d) **Erkläre** aus *Tyrones* Sicht, warum er ein Treffen zwischen Sam und Mark merkwürdig findet.
e) **Stelle dar**, wie Matthew und Tyrone sich gemeinsam überlegen, was sie jetzt tun könnten.

---

1 Plane deinen Dialog:
    a) **Erschließe** den Textauszug mit der **Lesemethode für erzählende Texte**.
    b) Lege einen Schreibplan wie unten an und ergänze ihn.

Situation: vertrauliches Telefongespräch von zu Hause aus im Anschluss an den Heimweg
Beteiligte Figuren: Matthew ...
Gesprächsabsicht: Matthew möchte über Sams Absicht, Mark ..., sprechen und wissen, was ...

Teilaufgabe	erste Figur: Matthew	zweite Figur: ...
a) Matthew gibt wieder, was er an Sam beobachtet hat	Ich erkenne Sam nicht wieder! Dieses Reden über Gefühle ...	Was genau meinst du?
b) Tyrone erläutert, was er vom Tagebuchschreiben hält		Das finde ich total blöd. Das machen doch nur Mädchen! Und wenn das jemand liest ...
c) Matthew erläutert, warum ...	...	
d) Tyrone erklärt, warum ...		...
e) gemeinsame Überlegungen	Sollten wir vielleicht ...?	Meinst du, wir können ...?

2 **Verfasse** mithilfe deines Schreibplans den Dialog. So kannst du beginnen:
Matthew ruft nach dem Heimweg von zu Hause aus Tyrone an und möchte mit ihm ...
Matthew: Sag mal, Tyrone, was war denn vorhin mit Sam los? Ich erkenne ihn nicht wieder ...
Tyrone: Hm ... Was genau meinst du?
Matthew: Na, dieses Reden über Gefühle und so! Der scheint sich ja als Mädchen pudelwohl zu fühlen. Hast du das nicht beobachtet?
Tyrone: Doch, schon. Ich finde das allerdings ganz schön übertrieben. Und dann ...
Matthew: ...

3 Überarbeite deinen Dialog mithilfe der folgenden Fragen:
    – Hast du passende Gedanken und Gefühle der Figuren genannt?
    – Beziehen sich beide Figuren aufeinander?
    – Sind Rechtschreibung und Zeichensetzung korrekt?

Klassenarbeit: Einen Dialog zu einem literarischen Text schreiben

Name: _____ Datum: _____

Zu Hause telefoniert Matthew mit Tyrone. Er möchte mit ihm über Sams Absicht, Mark Kramer zu treffen, sprechen und von Tyrone wissen, was sie jetzt tun könnten.

Verfasse einen Dialog, wie er zwischen Matthew und Tyrone geführt werden könnte. Achte darauf, dass jede der folgenden Teilaufgaben Gesprächsbeiträge beider Figuren enthält.

a) **Gib** aus *Matthews* Sicht **wieder**, was er an Sam beobachtet hat.
b) **Erläutere** aus *Tyrones* Sicht, was er vom Tagebuchschreiben hält.
c) **Erläutere** aus *Matthews* Sicht, warum er Sam darauf hingewiesen hat, dass Mark ein Junge ist.
d) **Erkläre** aus *Tyrones* Sicht, warum er ein Treffen zwischen Sam und Mark merkwürdig findet.
e) **Stelle dar**, wie Matthew und Tyrone sich gemeinsam überlegen, was sie jetzt tun könnten.

---

1 Plane deinen Dialog:
  a) Erschließe den Textauszug mit der **Lesemethode für erzählende Texte**.
  b) Lege einen Schreibplan an. Orientiere dich dabei an den Teilaufgaben **a)** bis **e)** und mache dir Notizen.

2 **Verfasse** mithilfe deines Schreibplans den Dialog. So kannst du beginnen:

Matthew ruft nach dem Heimweg von zu Hause aus Tyrone an und möchte mit ihm über Sams Absicht, Mark zu treffen, sprechen. Außerdem möchte er wissen, was ...

Matthew: Sag mal, Tyrone, was war denn vorhin mit Sam los? Ich erkenne ihn nicht wieder ...
Tyrone: Hm ... Was genau meinst du?
Matthew: Na, dieses Reden über Gefühle und so! Der scheint sich ja als Mädchen pudelwohl zu fühlen. Hast du das nicht beobachtet?
Tyrone: Doch, schon. Ich finde das allerdings ganz schön übertrieben. Und dann diese Idee mit dem Tagebuch! Geheimnisse reinschreiben! So ein Quatsch!!!
Matthew: Wieso findest du das so blöd?
Tyrone: ...

3 Überarbeite deinen Dialog mithilfe der folgenden Fragen:
  – Hast du passende Gedanken und Gefühle der Figuren genannt?
  – Beziehen sich beide Figuren aufeinander?
  – Sind Rechtschreibung und Zeichensetzung korrekt?

Einen Dialog zu einem literarischen Text schreiben – das konntest du

Name: _____   Datum: _____

Inhaltsleistung		
Aufgabe	**Leistung**	**Niveau** A ☐ B ☐ **Punkte**
1 a) + b)	Du hast den **Textauszug erschlossen** sowie deinen Dialog **geplant** und dazu einen **Schreibplan** erstellt.	

2	Du hast deinen Dialog **geschrieben**.
	Er erfüllt nun folgende Kriterien. Du hast …
	– in einem **einleitenden Satz** in den Diaolog eingeführt und dabei
	  – die Gesprächssituation,
	  – die beteiligten Figuren,
	  – die Gesprächsabsicht genannt;
	– den **Dialog verfasst** und dabei
	  – wiedergegeben, was **Matthew an Sam beobachtet** hat,
	  – erläutert, was Tyrone vom Tagebuchschreiben hält,
	  – erläutert, warum **Matthew Sam** darauf **hingewiesen** hat, dass Mark ein Junge ist,
	  – erklärt, warum **Tyrone** ein **Treffen zwischen Sam und Mark merkwürdig** findet,
	  – dargestellt, wie sich **Matthew und Tyrone gemeinsam überlegen**, was sie jetzt tun könnten.	

	Summe Inhaltsleistung:	

Darstellungsleistung		
Aufgabe	**Leistung**	**Punkte**
2 + 3	Du hast passende **Gedanken** und **Gefühle der Figuren** genannt.	
	Du hast die **Äußerungen** beider Figuren **aufeinander bezogen**.	
	Du hast beide Figuren in der **Ich-Form** sprechen lassen.	
	Du hast die richtigen **Pronomen** verwendet, wenn du über Sam als Jungen / Mädchen gesprochen hast.	
	Du hast dich sprachlich richtig ausgedrückt: **Rechtschreibung, Zeichensetzung, Grammatik**.	
	Summe Darstellungsleistung:	

Insgesamt hast du _____ von _____ möglichen Punkten erreicht.

Das ergibt die Note: _____

Klassenarbeit: Einen Dialog zu einem literarischen Text schreiben

Name: _____   Datum: _____

Kapitel 9: Matthew (erzählt)

Sam hat sich äußerst gut in seine Rolle als Samantha eingelebt. Nicht nur bei den „Zicken" ist er beliebt, sondern auch der angesagte Mädchenschwarm Mark steht auf ihn. Matthew befürchtet aber, dass Sams Rollentausch entdeckt werden könnte, und möchte die Mutprobe am liebsten abbrechen. Gerade drehen Sam in Mädchenkleidung und Matthew ein paar Runden um den Block.

Sam war wie aufgespult. Zwei Tage als Mädchen, frisch mit falschen Brüsten ausgestattet, und die Bewunderung von Mark Kramer hatten ihn nicht unbedingt bescheidener werden lassen. Die Begegnung mit der Staatsmacht[1] ließ ihn erst recht abheben.

„Los, gucken wir mal, was im Park so läuft." Er tänzelte vor mir her, schlug sich mit der Faust in die
5   Handfläche. „Komm, wir machen was los – treten jemanden in den Arsch oder so."

Ich sagte ihm, dass ich unter keinen Umständen noch mehr Ärger will, denn wenn hier irgendwas abginge, dann würde in jedem Fall ich die Schuld bekommen.

„Na, guck einer an." Sam lachte irre. „Verliert mein kleiner Cousin die Nerven? Vielleicht ist die Aktion Samantha doch 'ne Nummer zu groß für ihn?"

10 „Kann schon sein", sagte ich. „Ich finde, dieser ganze Mädchenkrempel wird ganz schön eklig. Ich habe überlegt, dass wir einfach die Wahrheit sagen sollten und dann weitermachen wie immer. Was können die[2] uns schon tun? Uns umbringen?"

Sam hatte aufgehört zu tänzeln. „Langsam, Matthew", sagte er. „Du hast verlangt, dass ich eine Woche Schule durchhalte. Es sind immer noch drei Tage."

15 Wir bogen um die Ecke und gingen Richtung Park. Ich wollte Sam gerade sagen, dass der Witz eigentlich auf Kosten der Mädchen gehen sollte, es sich aber überhaupt nichts verändert hatte, da erstarrte ich vor Schreck. Meine Mutter kam in ihrem Auto auf uns zugefahren. Sie hatte nach einem Parkplatz Ausschau gehalten und etwa fünfzig Meter vor uns einen entdeckt. Als sie ausstieg, sah sie uns.

20 „Kein Wort", murmelte ich. „Tu einfach, was ich sage."

„Was?", sagte Sam, dann sah er meine Mutter. „Ohoh!"

„Dreh dich zu mir, ganz langsam und natürlich", sagte ich.

Zu meiner Überraschung tat er es ohne Widerspruch. „Okay, noch mal dasselbe Spiel", dabei legte ich meinen rechten Arm locker um seine Schulter. Er versuchte kurz, sich loszureißen, aber ich hielt ihn
25 fest und er gab nach.

„Dafür wirst du büßen, das schwöre ich dir", murmelte er.

„Bleib so, bis wir um die Ecke sind", sagte ich.

Kurz davor drehte ich mich um. Mum stand neben dem Auto und starrte uns hinterher.

Wir bogen in die nächste Straße ein. Ich ließ Sam los und er hüpfte zur Seite.

30 „Du bist krank, Matthew Burton", sagte er. „Wieso hast du's immer auf mich abgesehen?"

Ich lächelte müde. „Wer ist denn hier derjenige, der die Nerven verliert?", sagte ich.

[Aus: Terence Blacker: boy2girl, aus dem Englischen von Heike Brandt, © Beltz & Gelberg: Weinheim Basel 2006, S. 118–119.]

Worterklärungen
[1] die Staatsmacht: Gemeint ist hier die Polizei. Eine alte Dame hat sich bei Wachtmeister Chivers über die Jugendlichen im Park beschwert.
[2] „die": Gemeint sind damit Matthews Eltern, die Schulleiterin, die Lehrer, die Mädchen = alle diejenigen, die Sam für ein Mädchen halten.

Klassenarbeit: Einen Dialog zu einem literarischen Text schreiben

Name: _____ Datum: _____

Zu Hause telefoniert Matthew mit Tyrone. Er möchte von Tyrone wissen, wie er seiner Mutter erklären soll, wer das Mädchen war, mit dem sie ihn gesehen hat.

Verfasse einen Dialog, wie er zwischen Matthew und Tyrone geführt werden könnte. Achte darauf, dass jede der folgenden Teilaufgaben Gesprächsbeiträge beider Figuren (Leitfigur und Gesprächspartner) enthält.

a) Berichte Tyrone aus *Matthews* Sicht von Sams Verhalten und Äußerungen während des Spaziergangs.

b) **Erläutere** aus *Matthews* Sicht, was er von dem Rollentausch hält und was er Sam vorschlägt.

c) **Erläutere** aus *Matthews* Sicht, wie er reagiert hat, als er seiner Mutter begegnet ist, und warum er sich so verhalten hat.

d) **Stelle dar**, welche Tipps Tyrone Matthew geben könnte, um seiner Mum zu erklären, mit wem sie ihn gesehen hat.

---

1 Plane deinen Dialog:
   a) **Erschließe** den Textauszug mit der **Lesemethode für erzählende Texte**.
   b) Lege einen Schreibplan wie unten an und ergänze ihn.

<u>Situation:</u> vertrauliches Telefongespräch von zu Hause aus im Anschluss an den Spaziergang
<u>Beteiligte Figuren:</u> Matthew ...
<u>Gesprächsabsicht:</u> Matthew möchte wissen, wie er seiner Mutter ...

Teilaufgabe	Leitfigur: Matthew	Gesprächspartner: ...
a) Matthew berichtet von Sams Verhalten und Äußerungen	Weißt du, wie Sam sich gerade verhalten hat? Ich bin echt nervös ... Sam ist völlig aufgedreht ...	Was macht dich so nervös?
b) Matthew erläutert, was er vom Rollentausch hält und was ...	...	
c) Matthew erläutert, wie ...	...	Ich kann mir vorstellen, dass du ...
d) Tyrones Tipps für Matthew		...

2 **Verfasse** mithilfe deines Schreibplans den Dialog. So kannst du beginnen:

Matthew ruft Tyrone nach dem Spaziergang von zu Hause aus an, denn er möchte von Tyrone wissen, wie ...

Matthew: Hi, Tyrone. Stell dir vor, wie sich Sam gerade verhalten hat! Er macht mich echt nervös!
Tyrone: Wieso das? Was macht dich so nervös?
Matthew: Sam ist völlig aufgedreht. Er hat vorgeschlagen, noch mal in den Park zu gehen, um dort ...
Tyrone: Oh! Das ist krass! Und dann?
Matthew: ...

3 Überarbeite deinen Dialog mithilfe der folgenden Fragen:
  – Hast du passende Gedanken und Gefühle der Figuren genannt?
  – Beziehen sich die Leitfigur und der Gesprächspartner aufeinander?
  – Sind Rechtschreibung und Zeichensetzung korrekt?

Klassenarbeit: Einen Dialog zu einem literarischen Text schreiben

Name: _____ Datum: _____

Zu Hause telefoniert Matthew mit Tyrone. Er möchte von Tyrone wissen, wie er seiner Mutter erklären soll, wer das Mädchen war, mit dem sie ihn gesehen hat.

Verfasse einen Dialog, wie er zwischen Matthew und Tyrone geführt werden könnte. Achte darauf, dass jede der folgenden Teilaufgaben Gesprächsbeiträge beider Figuren (Leitfigur und Gesprächspartner) enthält.

a) Berichte Tyrone aus *Matthews* Sicht von Sams Verhalten und Äußerungen während des Spaziergangs.

b) **Erläutere** aus *Matthews* Sicht, was er von dem Rollentausch hält und was er Sam vorschlägt.

c) **Erläutere** aus *Matthews* Sicht, wie er reagiert hat, als er seiner Mutter begegnet ist, und warum er sich so verhalten hat.

d) Vermute, was Matthews Mutter gedacht haben könnte, als sie Matthew begegnet ist.

e) **Stelle dar**, welche Tipps Tyrone Matthew geben könnte, um seiner Mum zu erklären, mit wem sie ihn gesehen hat.

---

1 Plane deinen Dialog:
  a) **Erschließe** den Textauszug mit der **Lesemethode für erzählende Texte**.
  b) Lege einen Schreibplan an. Orientiere dich dabei an den Teilaufgaben a) bis e) und mache Notizen.

2 **Verfasse** mithilfe deines Schreibplans den Dialog. So kannst du beginnen:

Matthew ruft Tyrone nach dem Spaziergang von zu Hause aus an, denn er möchte von Tyrone wissen, wie ...

Matthew: Hi, Tyrone. Stell dir vor, wie sich Sam gerade verhalten hat! Er macht mich echt nervös!
Tyrone: Wieso das? Was macht dich so nervös?
Matthew: Sam ist völlig aufgedreht. Er hat vorgeschlagen, noch mal in den Park zu gehen, um dort ...
Tyrone: Oh! Das ist krass! Und dann?
Matthew: ...

3 Überarbeite deinen Dialog mithilfe der folgenden Fragen:
  – Hast du passende Gedanken und Gefühle der Figuren genannt?
  – Beziehen sich die Leitfigur und der Gesprächspartner aufeinander?
  – Sind Rechtschreibung und Zeichensetzung korrekt?

Einen Dialog zu einem literarischen Text schreiben – das konntest du

Name: _____   Datum: _____

Inhaltsleistung		
Aufgabe	**Leistung**	**Niveau** A ☐ B ☐ **Punkte**
1 a) + b)	Du hast den **Textauszug erschlossen** sowie deinen Dialog **geplant** und dazu einen **Schreibplan** erstellt.	

2	Du hast deinen Dialog **geschrieben**.
	Er erfüllt nun folgende Kriterien. Du hast …
	– in einem **einleitenden Satz** in den Dialog eingeführt und dabei
	  – die Gesprächssituation,
	  – die beteiligten Figuren,
	  – die Gesprächsabsicht genannt;
	– den **Dialog verfasst** und dabei:
	  – berichtet, wie **Sam** sich **verhalten** und was er auf dem Spaziergang **geäußert** hat,
	  – erläutert, was **Matthew von** dem **Rollentausch hält** und was er Sam vorschlägt,
	  – erläutert, wie **Matthew reagiert** hat, als er seiner **Mutter begegnet** ist, und warum er sich so verhalten hat
	  – *Niveau B*: vermutet, was **Matthews Mutter gedacht haben könnte**, als sie Matthew begegnet ist,
	  – dargestellt, welche **Tipps Tyrone** Matthew geben könnte, um seiner Mum zu erklären, wer das Mädchen war, mit dem sie ihn gesehen hat.	

	Summe Inhaltsleistung:	

Darstellungsleistung		
Aufgabe	**Leistung**	**Punkte**
2 + 3	Du hast passende **Gedanken** und **Gefühle der Figuren** genannt.	
	Du hast die Äußerungen der **Leitfigur** und ihres **Gesprächspartners** aufeinander bezogen.	
	Du hast die Leitfigur und ihren Gesprächspartner in der **Ich-Form** sprechen lassen.	
	Du hast die richtigen **Pronomen** verwendet, wenn du über Sam als Jungen / Mädchen gesprochen hast.	
	Du hast dich sprachlich richtig ausgedrückt: **Rechtschreibung, Zeichensetzung, Grammatik**.	
	Summe Darstellungsleistung:	

Insgesamt hast du _____ von _____ möglichen Punkten erreicht.

Das ergibt die Note: _____

Klassenarbeit: Einen Dialog zu einem literarischen Text schreiben

Name: _____ Datum: _____

Kapitel 9: Matthew (erzählt)

Matthew und Sam sind in der Nähe des Parks von Weitem Matthews Mutter begegnet. Damit Sam in Mädchenkleidung nicht erkannt wird, hat Matthew so getan, als ob Sam seine Freundin wäre, und den Arm um ihn gelegt.

Ich hatte angenommen, dass irgendwas passiert sein musste, weil Mum so früh aus dem Büro gekommen war, und als ich Mum und Dad mit besorgten Gesichtern in der Küche stehen sah, dachte ich, ich müsste mich auf eine unangenehme Nachricht gefasst machen. Aber es stellte sich heraus, dass sie
5 was ganz anderes im Sinn hatten.
„Oh, dann warst das doch du, den ich da am Park gesehen habe." Mum hatte ein schräges Grinsen im Gesicht, was, wie ich inzwischen herausgefunden hatte, bedeutete, dass sie zum Scherzen aufgelegt war.
„Am Park?", sagte ich. „Das kann nicht sein."
10 „Ich hätte schwören können, ich habe dich mit einem Mädchen gesehen."
Ich zuckte schuldbewusst mit den Achseln. „Nö", murmelte ich, „das muss jemand anders gewesen sein."
„Also warst du mit Sam zusammen?", fragte mein Vater.
Ich blickte hinüber zu Sam, und in dem Moment wusste ich, was kommen
15 würde. Seit ich meinen Arm um ihn gelegt hatte, wartete er auf die Gelegenheit zur Revanche[1].
„Nein. Ich war mit Jake und Tyrone zusammen", sagte er. „Ich wollte Matt ein bisschen ...", er zwinkerte mir zu, „... in Ruhe lassen, wenn ihr mich versteht."
20 „Kein Grund, sich zu schämen", sagte mein Vater. „Das ist doch was ganz Natürliches. Wer ist sie?"

„Genau", sagte Sam. „Wer ist die Braut?"

Ich geriet in Panik. „Sss ...Sss ...Simone", sagte ich. „Aus meiner Klasse".

Meine Mutter lächelte. „Eine Simone hast du noch nie erwähnt".

25 „Sie ist mir vorher gar nicht weiter aufgefallen", murmelte ich. „Ich will nicht über sie reden."

„Aber wir", sagte Sam, dem die Sache jetzt richtig Spaß machte. „Erzähl uns was über sie."

Meine Eltern schauten mich erwartungsvoll an.

30 „Nun, sie ist still und einigermaßen schlau und vielleicht ein bisschen schüchtern."

„Und sieht super aus, oder?"

Ich zog die Brauen zusammen. Das sollte Sam büßen – und wenn es das Letzte war, was ich in meinem Leben tat. „Ja", sagte ich kalt. „Sie ist

35 ziemlich hübsch – auf eine sehr mädchenhafte, sehr feminine[2] Art."

Meine Mutter stieß meinen Vater in die Seite. „Tja, ich muss nach oben, ein paar Anrufe machen", sagte sie, warf ihm einen bedeutungsvollen Blick zu und ging schnell aus der Küche.

[Aus: Terence Blacker: boy2girl, aus dem Englischen von Heike Brandt, © Beltz & Gelberg: Weinheim Basel 2006, S. 120–122.]

Worterklärungen
[1] die Revanche: die Rache
[2] feminin: weiblich

Klassenarbeit: Einen Dialog zu einem literarischen Text schreiben

Name: _____   Datum: _____

Im Anschluss an das Gespräch in der Küche telefoniert Matthew mit Tyrone. Er möchte von Tyrone wissen, was er tun soll, wenn seine Eltern mehr über seine angebliche Freundin Simone wissen möchten.

Verfasse einen Dialog, wie er zwischen Matthew und Tyrone geführt werden könnte. Achte darauf, dass jede der folgenden Teilaufgaben Gesprächsbeiträge beider Figuren (Leitfigur und Gesprächspartner) enthält.

a) Berichte Tyrone aus *Matthews* Sicht, was seine Eltern von Matthew wissen wollten und wie sie auf seine Antworten reagiert haben.
b) **Erläutere** aus *Matthews* Sicht, wie sich Sam während des Gesprächs verhalten hat und warum er sich so verhalten hat.
c) **Erläutere** aus *Matthews* Sicht, wie Matthew auf Sams Äußerungen reagiert hat und warum er so reagiert hat.
d) **Stelle dar**, welche Tipps Tyrone Matthew geben könnte für den Fall, dass seine Eltern mehr über seine angebliche Freundin Simone erfahren möchten.

1 Plane deinen Dialog:
  a) **Erschließe** den Textauszug mit der **Lesemethode für erzählende Texte**.
  b) Lege einen Schreibplan wie unten an und ergänze ihn.

<u>Situation</u>: vertrauliches Telefongespräch von zu Hause aus im Anschluss an das Gespräch mit den Eltern und Sam
<u>Beteiligte Figuren</u>: Matthew ...
<u>Gesprächsabsicht</u>: Matthew möchte wissen, was er seinen Eltern sagen könnte, wenn sie ...

Teilaufgabe	Leitfigur: Matthew	Gesprächspartner: ...
a) Matthew berichtet von den Fragen der Eltern und ihren Reaktionen	Mum und Dad haben mich erschreckt: Als ich sie in der Küche sah, wurde ich unruhig: War etwas passiert? Sie sahen besorgt aus ... Dass sie mir etwas Schlimmes mitteilen wollten. Doch dann ...	Was hast du denn vermutet?
b) Matthew erläutert, wie sich Sam verhalten hat, und nennt Gründe dafür	...	
c) Matthew erläutert, wie ...	Sam hat mich voll reingeritten! Er hat nämlich ...	Ich kann mir vorstellen, dass du ...
d) Tyrones Tipps für Matthew		...

2 **Verfasse** mithilfe deines Schreibplans den Dialog. So kannst du beginnen:

Matthew ruft Tyrone nach dem Gespräch mit seinen Eltern an, weil er ihm von den Fragen seiner Eltern berichten will und von Tyrone wissen möchte, was …

Matthew: Hi, Tyrone. Stell dir vor, was bei uns gerade los war! Ich bin echt fertig!
Tyrone: Wieso das? Was ist denn passiert?
Matthew: Meine Eltern haben mich zuerst total erschreckt. Als ich nach Hause gekommen bin, war meine Mutter schon von der Arbeit zurück, obwohl sie sonst viel später kommt. Meine Eltern haben in der Küche gestanden und sahen besorgt aus, so als ob etwas passiert wäre. Ich habe einen ganz schönen Schreck bekommen.
Tyrone: Was hast du denn vermutet?
Matthew: Nun, ich habe mit echt schlimmen Nachrichten gerechnet, doch dann …
Tyrone: …

3 Überarbeite deinen Dialog mithilfe der folgenden Fragen:
  – Hast du passende Gedanken und Gefühle der Figuren genannt?
  – Beziehen sich die Leitfigur und der Gesprächspartner aufeinander?
  – Sind Rechtschreibung und Zeichensetzung korrekt?

Klassenarbeit: Einen Dialog zu einem literarischen Text schreiben

Name: _____ Datum: _____

Im Anschluss an das Gespräch in der Küche telefoniert Matthew mit Tyrone. Er möchte von Tyrone wissen, was er tun soll, wenn seine Eltern mehr über seine angebliche Freundin Simone wissen möchten.

Verfasse einen Dialog, wie er zwischen Matthew und Tyrone geführt werden könnte. Achte darauf, dass jede der folgenden Teilaufgaben Gesprächsbeiträge beider Figuren (Leitfigur und Gesprächspartner) enthält.

a) Berichte Tyrone aus *Matthews* Sicht, was seine Eltern von Matthew wissen wollten und wie sie auf seine Antworten reagiert haben.
b) **Erläutere** aus *Matthews* Sicht, wie sich Sam während des Gesprächs verhalten hat und warum er sich so verhalten hat.
c) **Erläutere** aus *Matthews* Sicht, wie Matthew auf Sams Äußerungen reagiert hat und warum er so reagiert hat.
d) Vermute, wie sich Matthews Eltern ihm gegenüber in Zukunft verhalten könnten, wenn sie davon ausgehen, dass Matthew eine Freundin hat.
e) **Stelle dar**, welche Tipps Tyrone Matthew geben könnte für den Fall, dass seine Eltern mehr über seine angebliche Freundin Simone erfahren möchten.

---

1 Plane deinen Dialog:
   a) **Erschließe** den Textauszug mit der **Lesemethode für erzählende Texte**.
   b) Lege einen Schreibplan an. Orientiere dich dabei an den Teilaufgaben **a)** bis **e)** und mache dir Notizen.

2 **Verfasse** mithilfe deines Schreibplans den Dialog. So kannst du beginnen:

Matthew ruft Tyrone nach dem Gespräch mit seinen Eltern an, weil er ihm von den Fragen seiner Eltern berichten will und von Tyrone wissen möchte, was ...

<u>Matthew</u>: *Hi, Tyrone. Stell dir vor, was bei uns gerade los war! Ich bin echt fertig!*
<u>Tyrone</u>: *Wieso das? Was ist denn passiert?*
<u>Matthew</u>: *Meine Eltern haben mich zuerst total erschreckt. Als ich nach Hause gekommen bin, war meine Mutter schon von der Arbeit zurück, obwohl sie sonst viel später kommt. Meine Eltern haben in der Küche gestanden und sahen besorgt aus, so als ob etwas passiert wäre. Ich habe einen ganz schönen Schreck bekommen.*
<u>Tyrone</u>: *Was hast du denn vermutet?*
<u>Matthew</u>: *Nun, ich habe mit echt schlimmen Nachrichten gerechnet, doch dann ...*
<u>Tyrone</u>: *...*

3 Überarbeite deinen Dialog mithilfe der folgenden Fragen:
   – Hast du passende Gedanken und Gefühle der Figuren genannt?
   – Beziehen sich die Leitfigur und der Gesprächspartner aufeinander?
   – Sind Rechtschreibung und Zeichensetzung korrekt?

Einen Dialog zu einem literarischen Text schreiben – das konntest du

Name: _____   Datum: _____

Inhaltsleistung		
Aufgabe	**Leistung**	**Niveau** A ☐ B ☐ **Punkte**
1 a) + b)	Du hast den **Textauszug erschlossen** sowie deinen Dialog **geplant** und dazu einen **Schreibplan** erstellt.	

2	Du hast deinen Dialog **geschrieben.**
	Er erfüllt nun folgende Kriterien. Du hast …
	– in einem **einleitenden Satz** in den Dialog eingeführt und dabei
	  – die Gesprächssituation,
	  – die beteiligten Figuren,
	  – die Gesprächsabsicht genannt;
	– den **Dialog verfasst** und dabei:
	  – berichtet, was **Matthews Eltern** von Matthew **wissen wollten** und wie sie auf seine Antworten reagiert haben,
	  – erläutert, wie sich **Sam** während des Gesprächs **verhalten** hat und warum er sich so verhalten hat,
	  – erläutert, wie **Matthew** auf Sams Äußerungen **reagiert** hat und warum er so reagiert hat,
	  – *Niveau B:* vermutet, wie sich **Matthews Eltern** ihm gegenüber **verhalten könnten**, wenn sie davon ausgehen, dass Matthew eine Freundin hat,
	  – dargestellt, welche **Tipps Tyrone** Matthew geben könnte für den Fall, dass seine Eltern mehr über seine angebliche Freundin Simone erfahren möchten.	

	Summe Inhaltsleistung:	

Darstellungsleistung		
Aufgabe	**Leistung**	**Punkte**
2 + 3	Du hast passende **Gedanken** und **Gefühle der Figuren** genannt.	
	Du hast die Äußerungen der **Leitfigur** und ihres **Gesprächspartners** aufeinander bezogen.	
	Du hast die Leitfigur und ihren Gesprächspartner in der **Ich-Form** sprechen lassen.	
	Du hast die richtigen **Pronomen** verwendet, wenn du über Sam als Jungen / Mädchen gesprochen hast.	
	Du hast dich sprachlich richtig ausgedrückt: **Rechtschreibung, Zeichensetzung, Grammatik.**	
	Summe Darstellungsleistung:	

Insgesamt hast du _____ **von** _____ **möglichen Punkten erreicht.**

Das ergibt die Note: _____

Aufgabenstellungen mit unterschiedlichen Operatoren

Bei der Formulierung von Aufgabenstellungen können Sie bereits differenziert vorgehen, indem Sie bewusst Operatoren aus unterschiedlichen Anforderungsbereichen verwenden, je nach Leistungsstand Ihrer Schülerinnen und Schüler.
Die folgende Liste hilft Ihnen dabei:

Operatoren in übergeordneten Aufgabenstellungen:	
Untersuche	An literarischen Texten aufgabengeleitet arbeiten und dabei den Wechselbezug von Inhalt, Form und Wirkung nachvollziehbar deuten (Aufgabentyp 4a)) Aus einem Text Aspekte aufgabengeleitet herausarbeiten (Aufgabentyp 4b))
Verfasse	Einen zusammenhängenden Text unter Beachtung einer bestimmten Textsorte aufgabengeleitet schreiben, dabei für die einzelnen Teilaufgaben Absätze machen
Operatoren in Teilaufgaben:	
Anforderungsbereich I (Reproduktion)	
Fasse zusammen	Inhalte strukturiert in eigenen Worten wiedergeben
Beschreibe	Textaussagen oder Sachverhalte in eigenen Worten wiedergeben
Gib wieder	Inhalte verkürzt mit eigenen Worten wiedergeben
Stelle dar	Einen Zusammenhang oder ein Ergebnis strukturiert formulieren
Nenne / Benenne	Informationen zusammentragen
Anforderungsbereich II (Transfer)	
Vergleiche	Texte oder Textaussagen unter vorgegebenen Aspekten gegenüberstellen, um Gemeinsamkeiten und Unterschiede ermitteln zu können
Erkläre	Textaussagen auf der Basis von Kenntnissen darstellen
Erläutere	Textaussagen auf der Basis von Kenntnissen darstellen und durch Informationen und Beispiele veranschaulichen
Erschließe	An Texten fragegeleitet arbeiten
Anforderungsbereich III (Reflexion)	
Nimm Stellung	Eine Aussage oder Meinung kritisch prüfen und daraus eine eigene Einschätzung formulieren
Schlussfolgere	Auf der Grundlage vorgegebener Informationen zu eigenen Erkenntnissen gelangen
Beurteile	Zu einem Text oder einer Textaussage ein selbstständiges Urteil fällen
Bewerte	Zu einem Text oder einer Textaussage ein selbstständiges Urteil fällen und dazu eigene Werte nennen
Begründe	Eigene Aussagen überzeugend (z. B. mit Beispielen) erklären
Deute	Die Wirkungen von Inhalt und Form (z. B. sprachlichen Mitteln wie Metaphern, Personifikationen) eines Textes in ihrem Wechselbezug verstehen und erläutern